CHRISTIAN VIUM

VILLE NOMADE

ACTES SUD | PRIX HSBC POUR LA PHOTOGRAPHIE

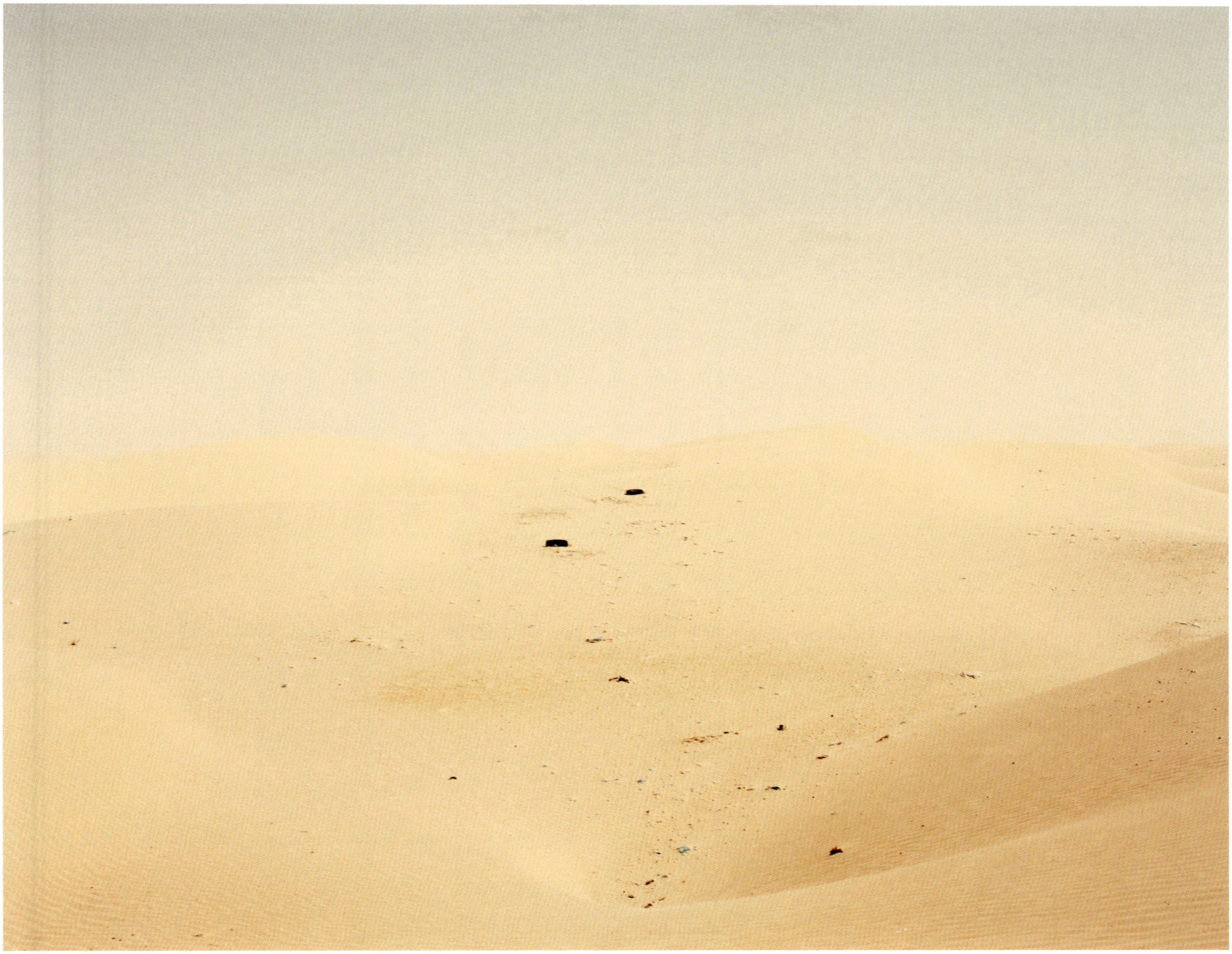

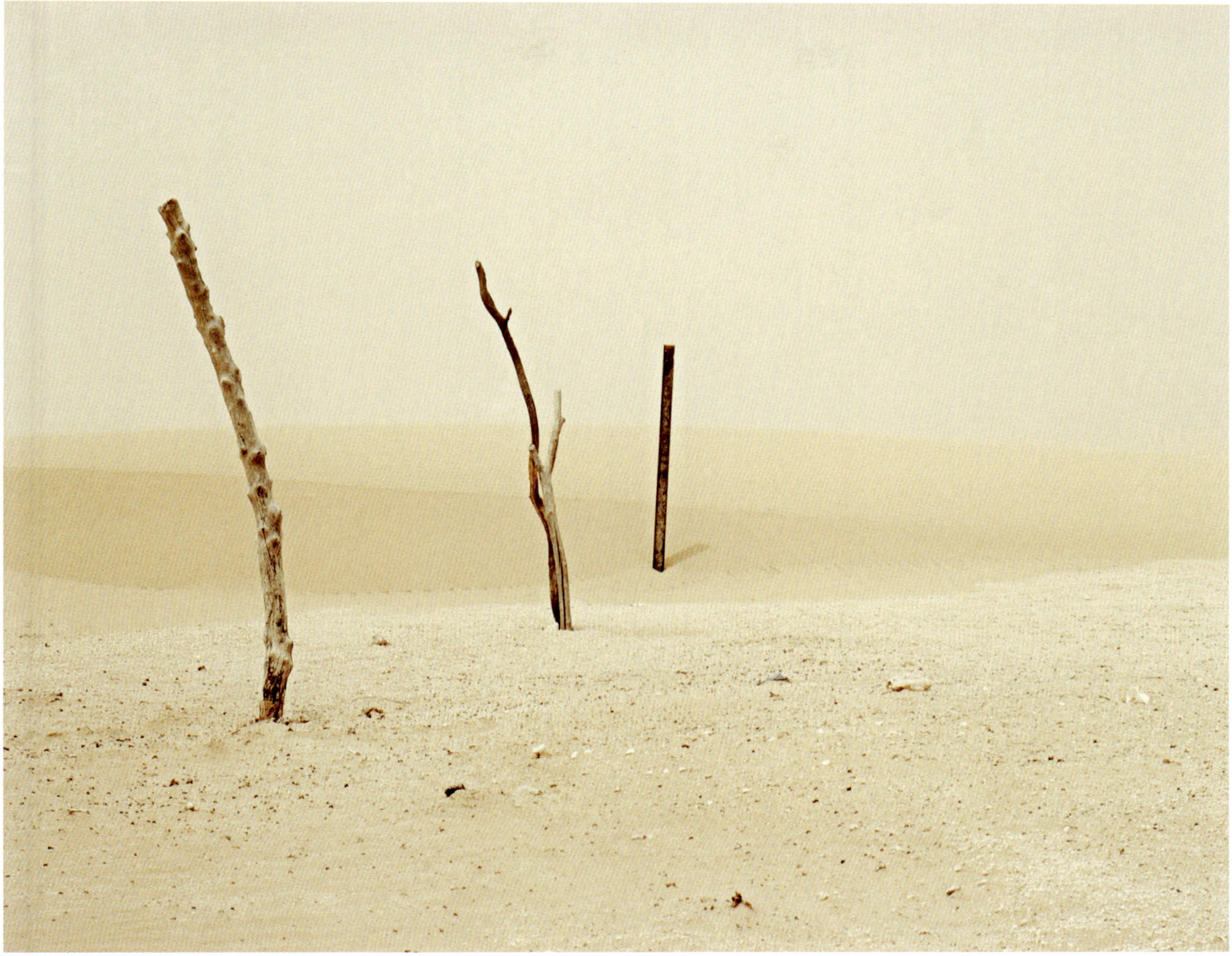

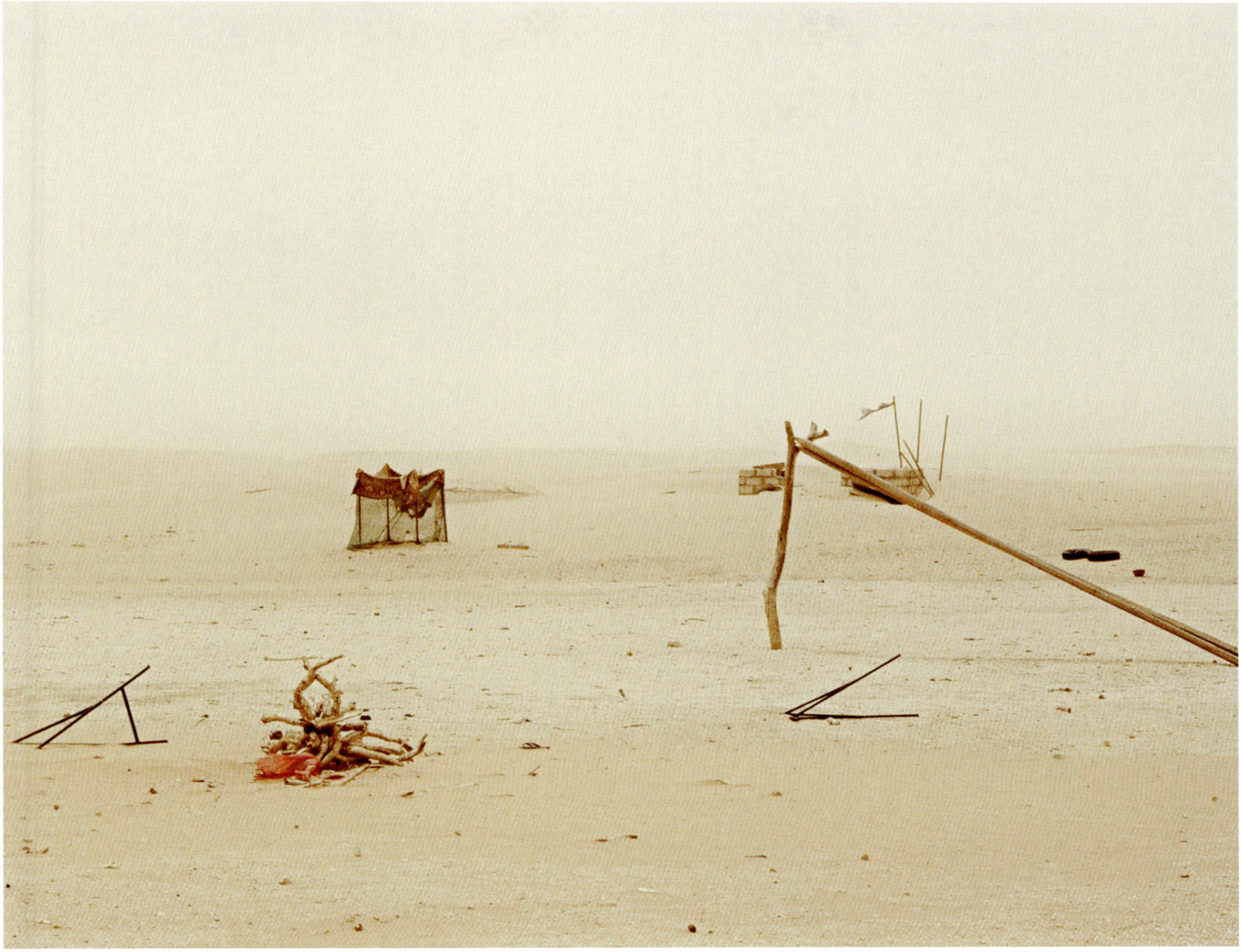

CHAPITRE VI

L'évolution de la nomadisation en Mauritanie sahélienne

par CH. TOUPET

Avec la Cyrénaïque et l'ancienne Transjordanie, la Mauritanie est sans doute le seul pays au monde dont la population soit en très forte majorité nomade. Sur environ 700 000 personnes, près de 500 000 vivent de la nomadisation[1]. De plus, la population urbaine ne représente que 7% du total, ce qui est le chiffre le plus faible de tous les États de l'Afrique de l'Ouest. Aussi la majeure partie du gouvernement central n'est-elle pas issue des couches citadines, mais est au contraire recrutée parmi les chefs de tribu habitués à vivre les problèmes de la nomadisation. Enfin, ce n'est que tout récemment que l'industrie a pénétré en Mauritanie.

La société maure résulte de l'influence dominante prise sur le peuplement berbère ancien par les conquérants arabes Beni Hassan arrivés du Sud marocain au XIVe siècle. Si la langue arabe s'est imposée, les Beni Hassan ont dominé le pays incomplètement; le mouvement maraboutique du XVIe siècle aboutit à la création de puissantes tribus berbères d'origine. Au total, ces derniers détiennent l'émirat du Tagant, tandis que ceux de Trarza, Adrar et Brakna sont aux mains de Beni Hassan.

Le système de castes hiérarchisées aboutit à l'organisation la plus solide du Sahara. Cependant, même ici, le système est extrêmement fluide. Les guerriers et les maraboutiques forment deux castes dirigeantes qui ne sont jamais qu'une minorité au sein des groupes tribaux qu'ils ont rassemblés. Les premiers, vivant de la protection par les armes, ont plus pâti de la sécurité actuelle que les seconds dont le prestige plus stable est une source de richesse considérable.

La grande majorité des nomades blancs (*beidane*) est composée, au sein des tribus, par les pasteurs tributaires (*zenaga*). Il s'y ajoute les deux castes spécialisées et peu nombreuses des forgerons (maalemin) et des griots, chantres-musiciens. La minorité noire intégrée aux tribus est formée d'esclaves ou serviteurs employés au campement ou dans les cultures, et d'harratines, affranchis mais non indépendants, qui sont surtout cultivateurs. La proportion des Noirs vivant dans les tribus est mal connue, un peu plus du quart chez les Kounta de Moudjeria[2].

Les redevances payées par les tributaires ou les harratines s'adressent en général précisément à une tente de guerriers, comme la *horma* ou à une tente de religieux comme la *gabodt*[3]. Mais certains prélèvements se font au profit de l'émir, comme le dixième de la récolte du mil. Les bénéficiaires se doivent de redistribuer tout cela à leur entourage, famille et clientèle.

1. Y compris 100 000 Noirs sédentaires.
2. Recensement du résident Fargette en 1951.
3. Un mouton par tente tributaire et par an.

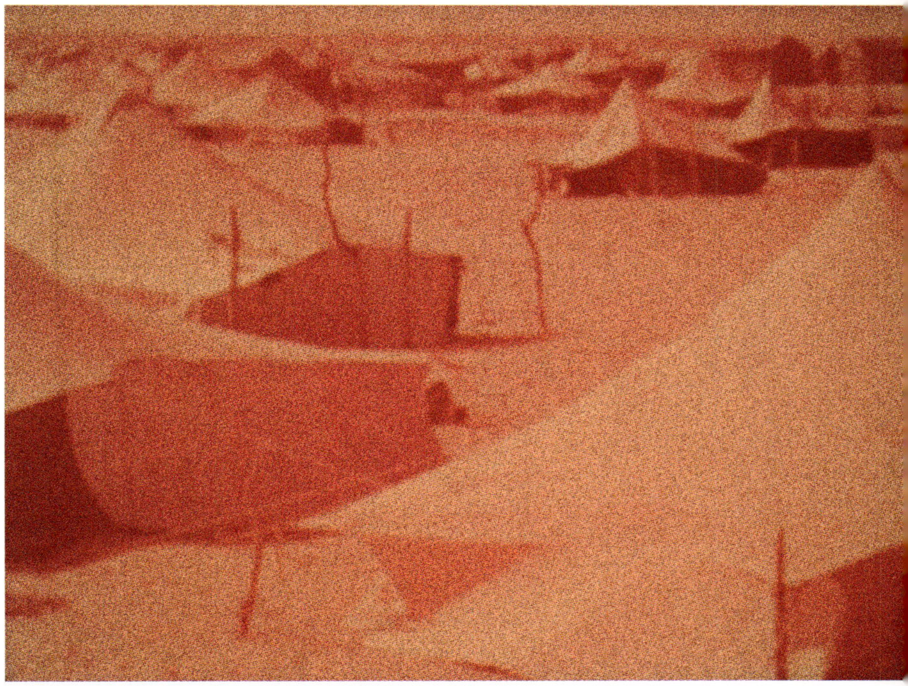

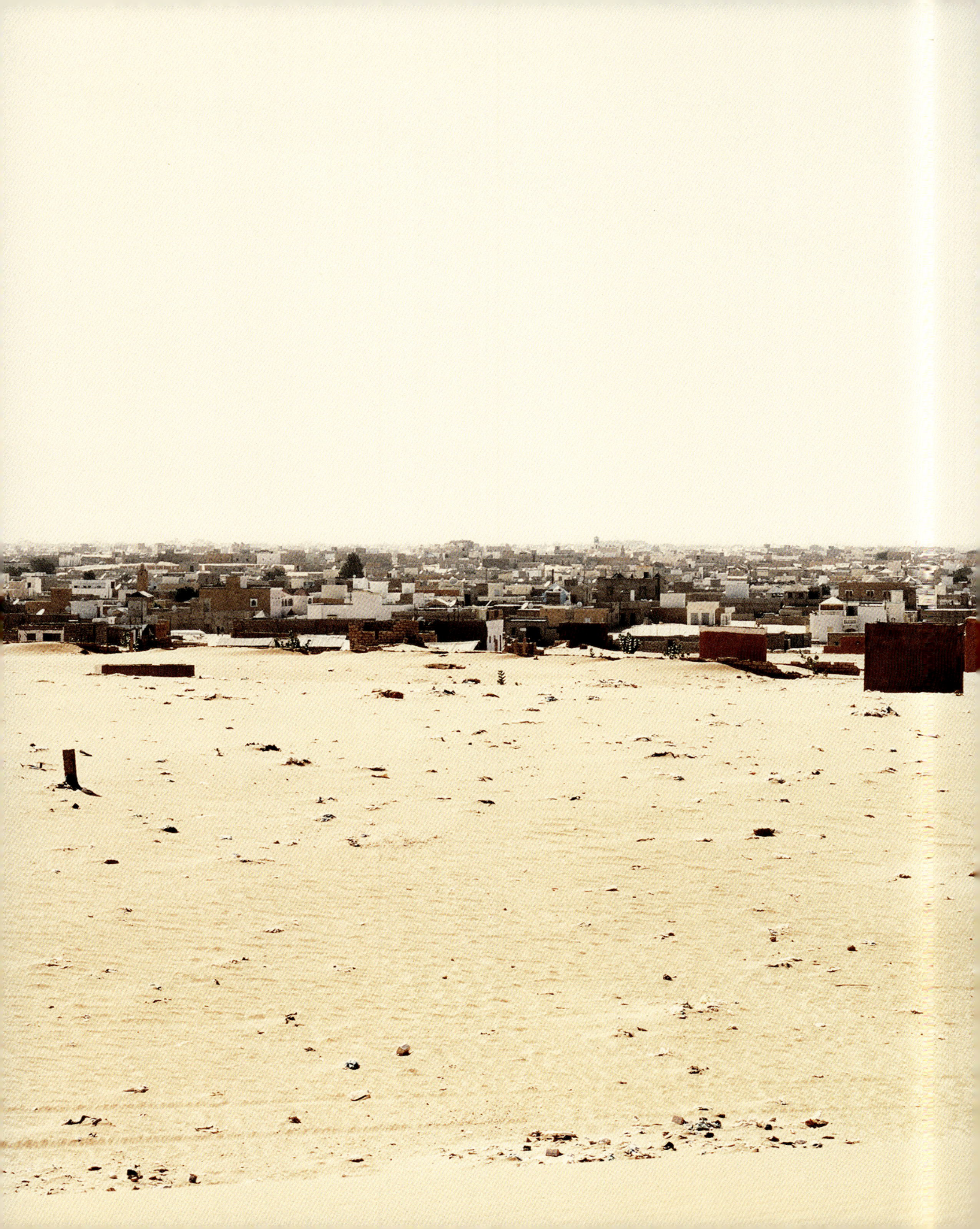

… Une dune nue, où seul le soir
le cri des chacals venait ponctuer
le ressac de l'océan.
Ni eau, ni source d'énergie,
ni matériaux, ni main-d'œuvre,
tel était le champ où devait se livrer cette bataille…

Mokhtar Ould Daddah (1960), dans *La Mauritanie contre vents et marées*, Karthala, Paris, 2003.

… A bare dune, where alone in the evening
the jackels' cries would punctuate
the ocean's waves.
No water, no source of energy,
no materials, or workforce,
such was the field where this battle was to be fought …

Moktar Ould Daddah (1960) in La Mauritanie contre vents et marées, *(Paris: Karthala, 2003).*

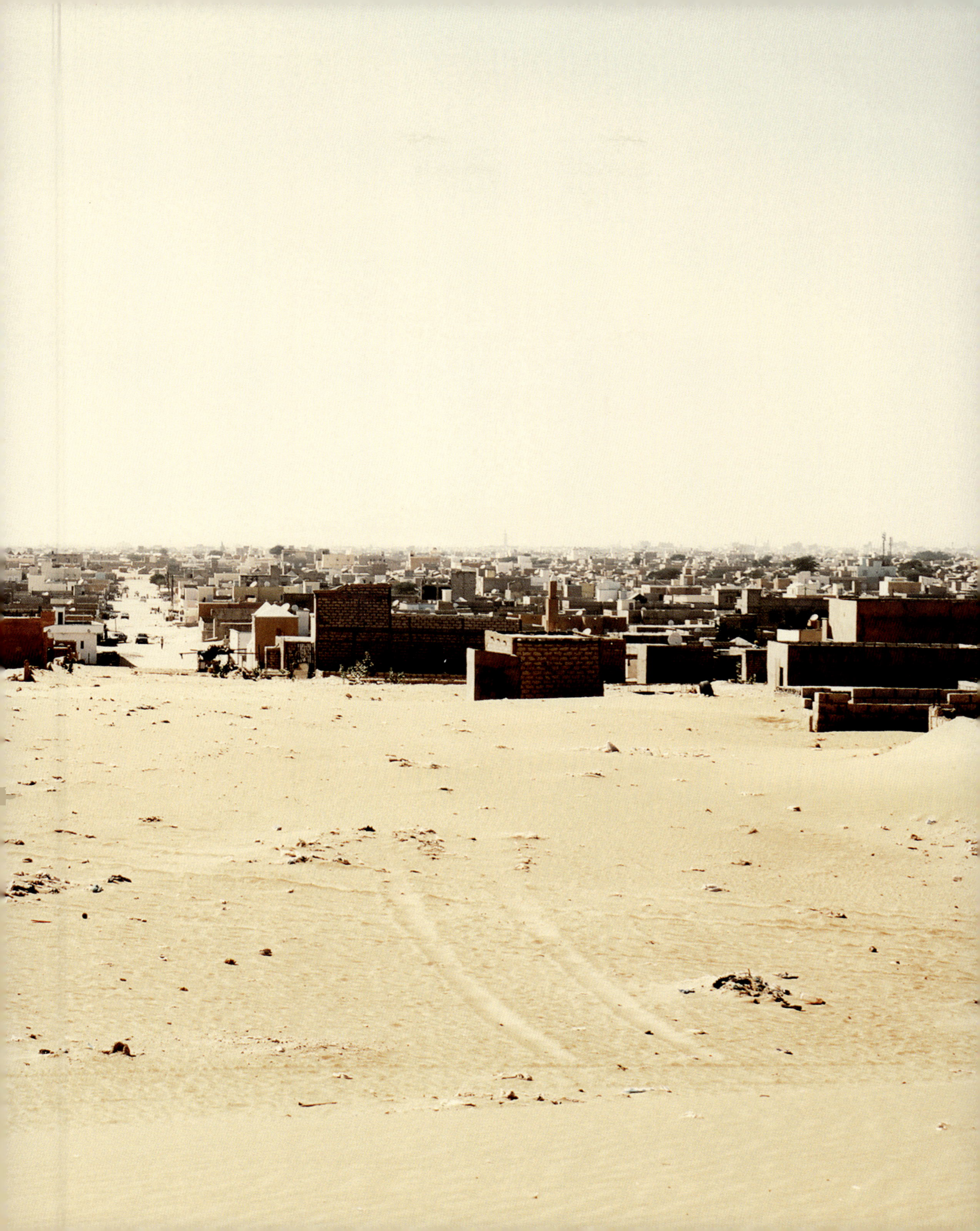

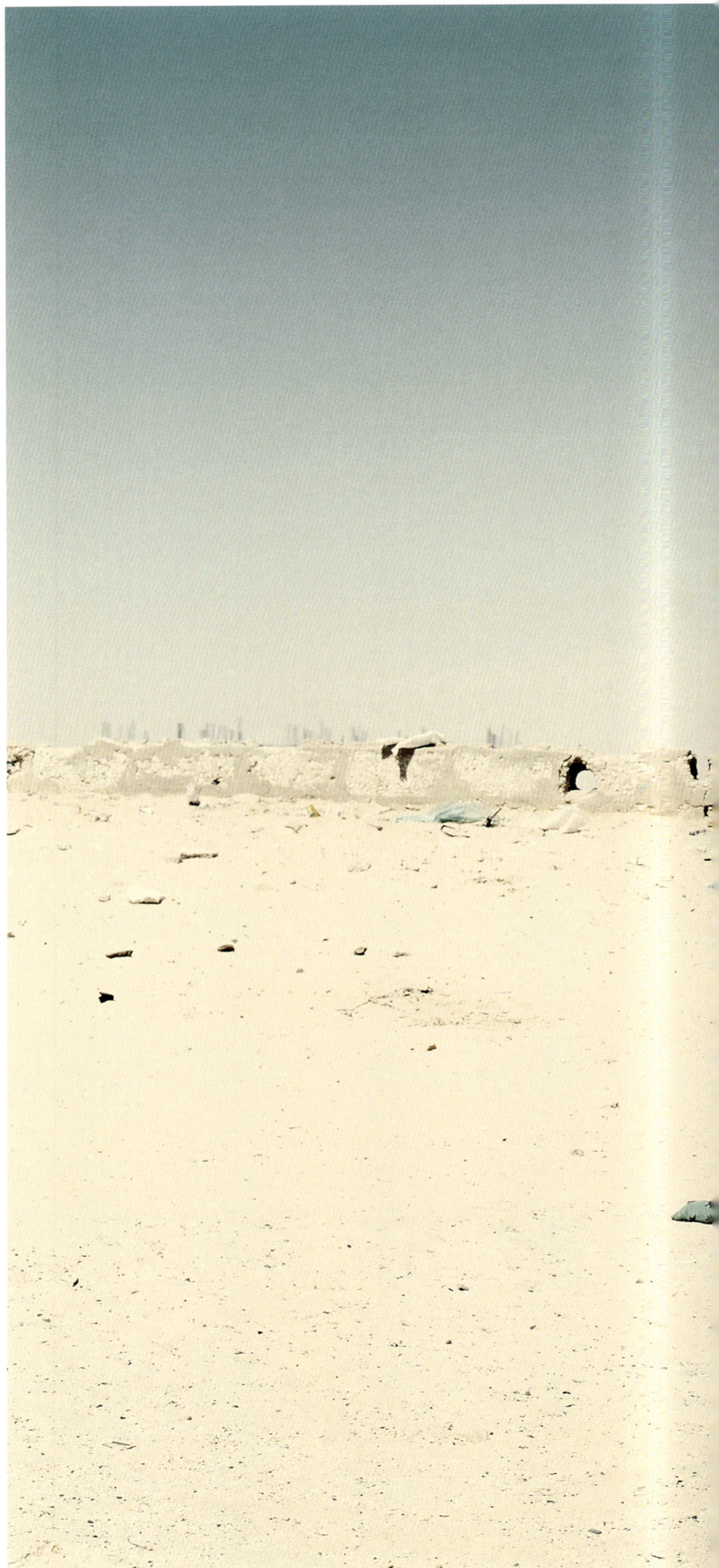

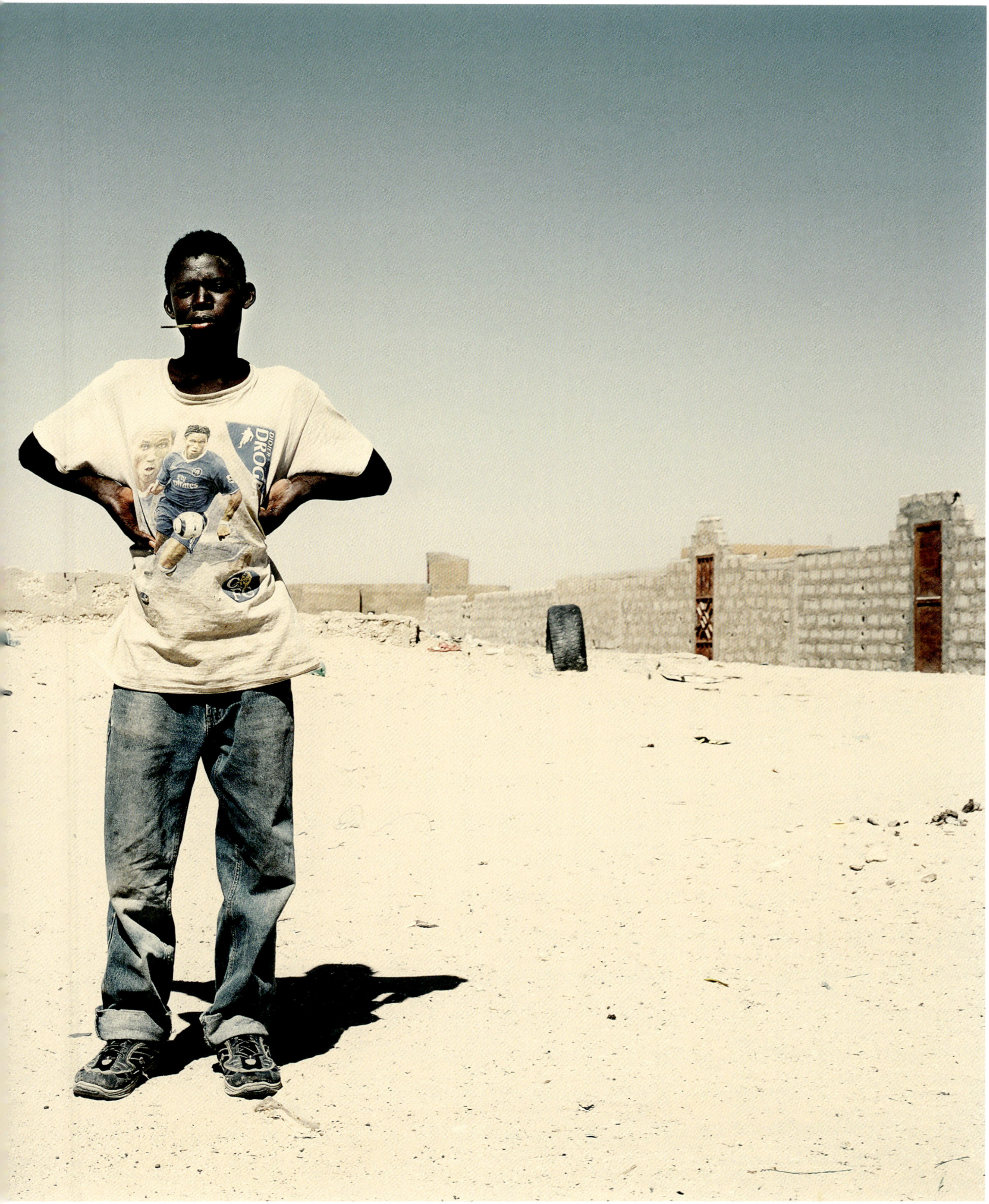

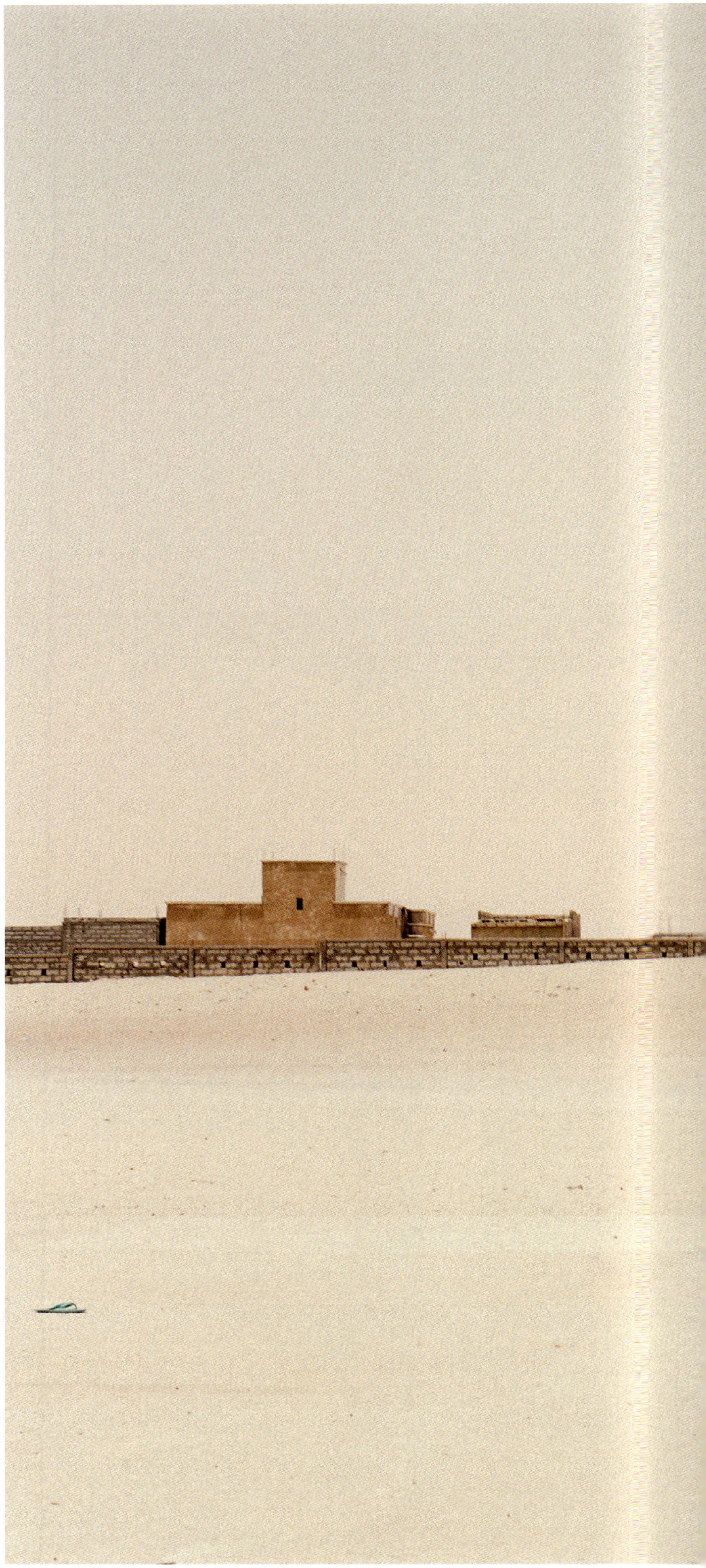

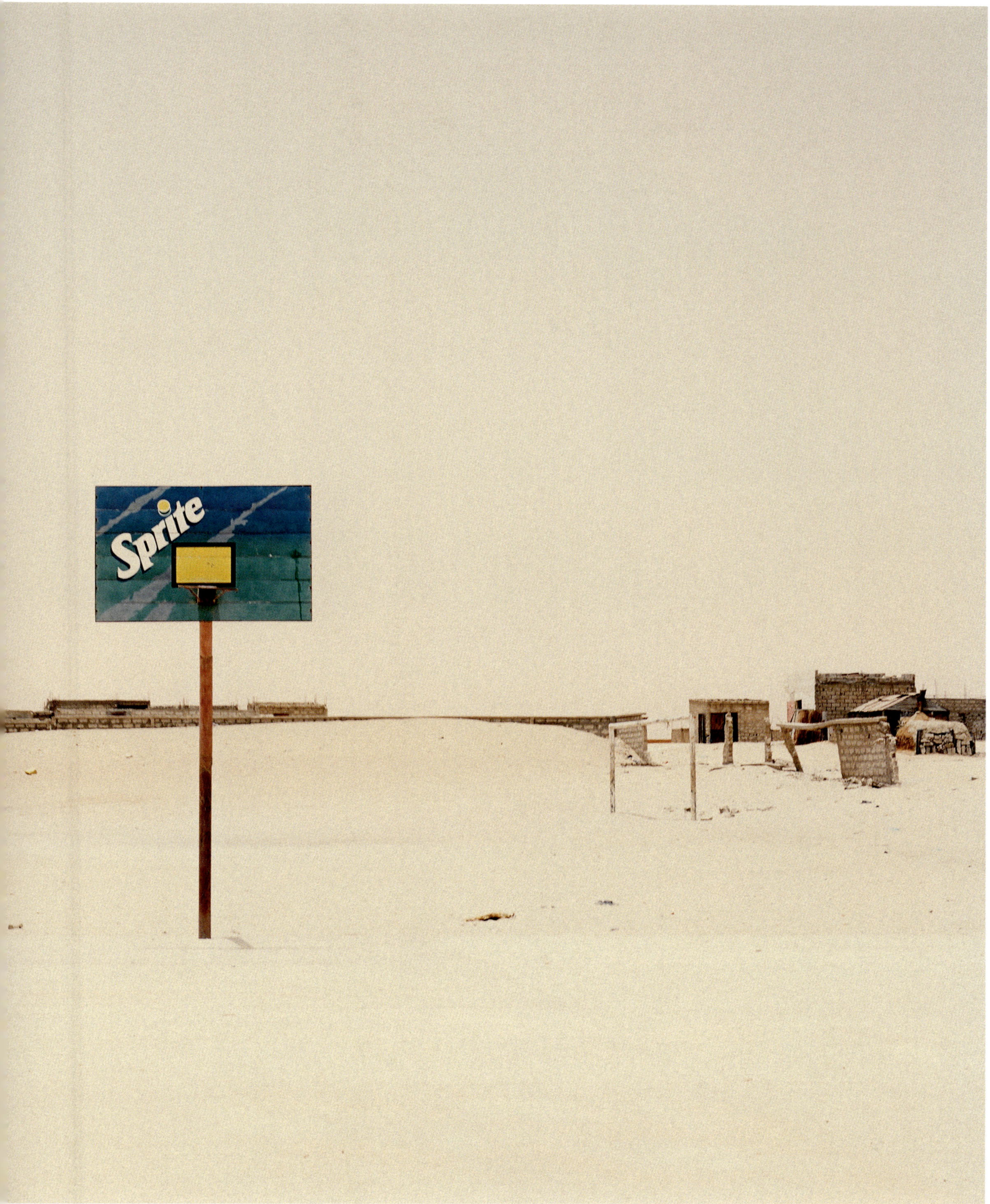
Sprite

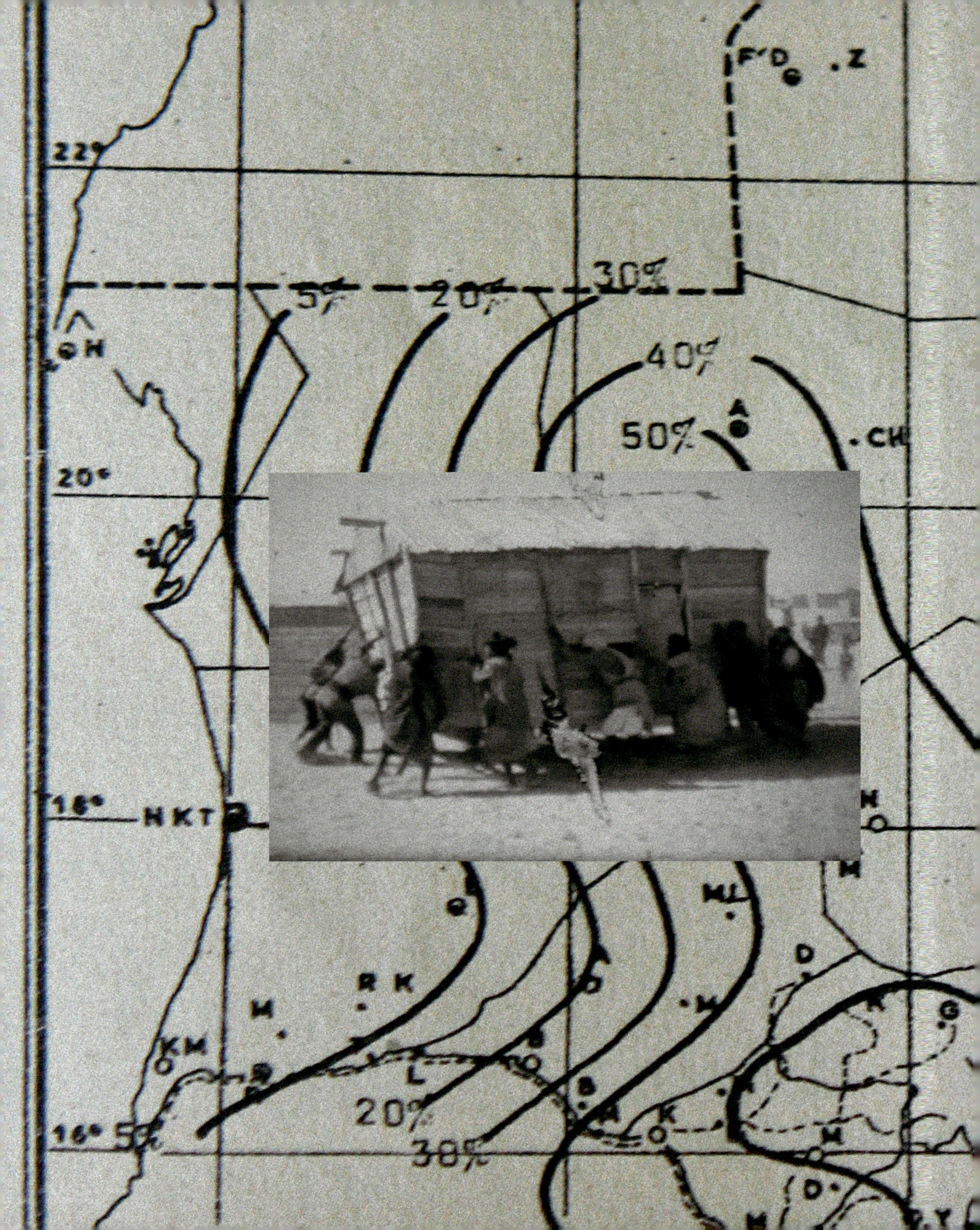
22°
20°
16°
16°
5%
20%
30%
40%
50%
HKT
RK
KM
20%
30%
5%

1384	1964	23	24	- Le Congrès de Kaédi (Am Moutamar Kaédi) (Hitaande Congrès Kaédi) - Le décès de ABDELLAH OULD CHEIKH SIDIYA à Boutilimitt.
1385	1965	22	23	-
1386	1966	21	22	- Le Congrès d'Aïoun
1387	1967	20	21	- La guerre entre les arabes et les Israéliens (Hitaande hare araabeebe et yahoud en)
1388	1968	19	20	- le Deuxième congrès de Nouakchott (Congrès dimmo Nouakchott)
1389	1969	18	19	- le début de la sécheresse (Am El jevave) - L'arrivée du Mil Rouge (Am lehmeira) (Hitaande gauri mboderi) - Le décès de ABDEL NASSER (Hitaande Nasser sarkri)
1391	1971	16	17	- L'année de la sécheresse (Hitaande yooro manngo)
1392	1972	15	16	-
1393	1973	14	15	- La mise en circulation de l'Ouguiya (Hitaande Ouguiya) - L'éclipse du soleil (Hitaande naange jaggaa)

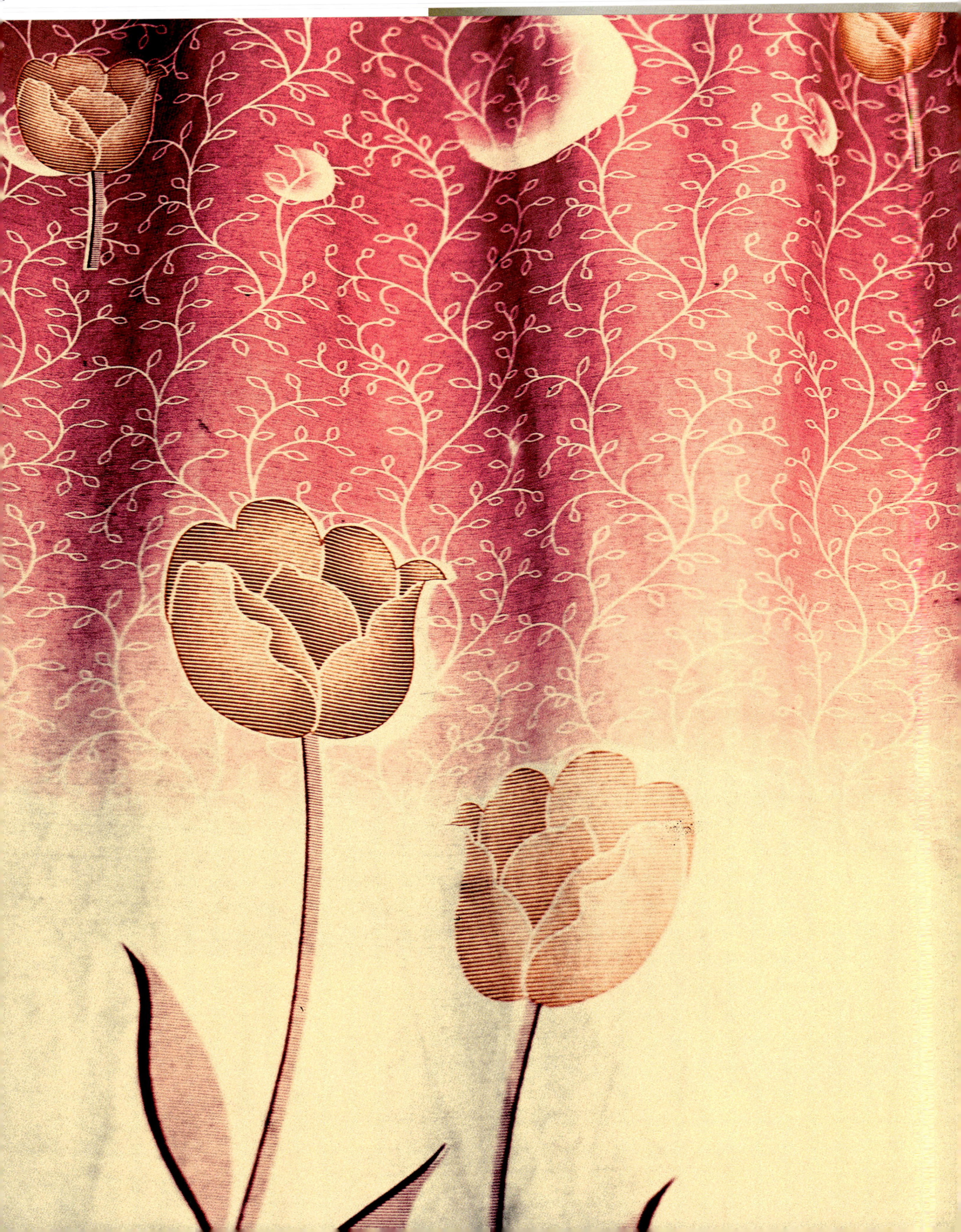

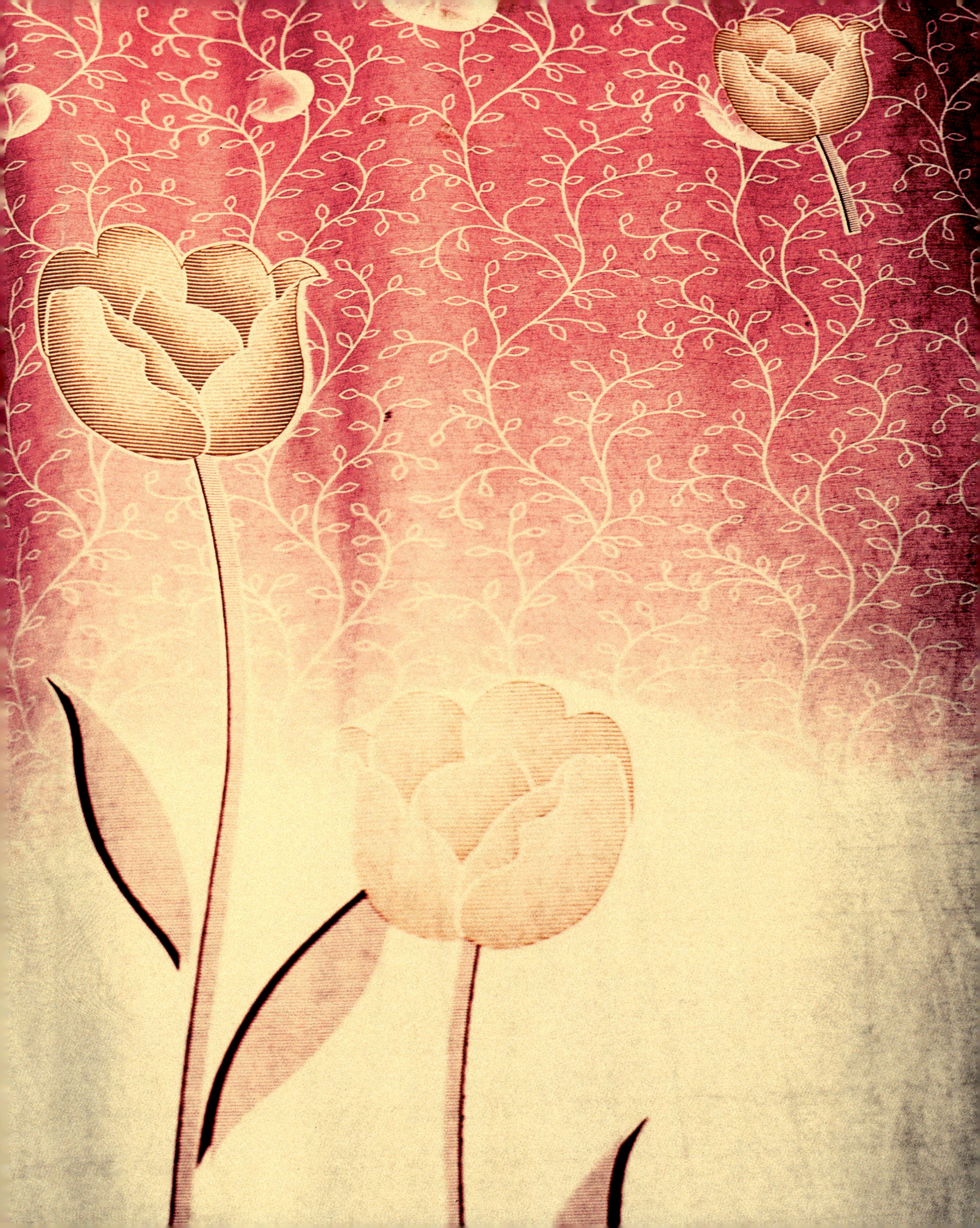

A TRAVERS LA VILLE :

Les Zones tampons :

L'attente sera-t-elle longue?

Avoir un chez, construire une petite maison ou une petite villa (pourquoi pas !) est l'ardent désir de tout un chacun de nous. Plus la population nouakchottoise augmente et plus ce désir s'intensifie pour devenir une véritable « obsession chronique ». Cet état d'esprit est renforcé et entretenu par le coût élevé du loyer et surtout par une perspective confuse de l'avenir.

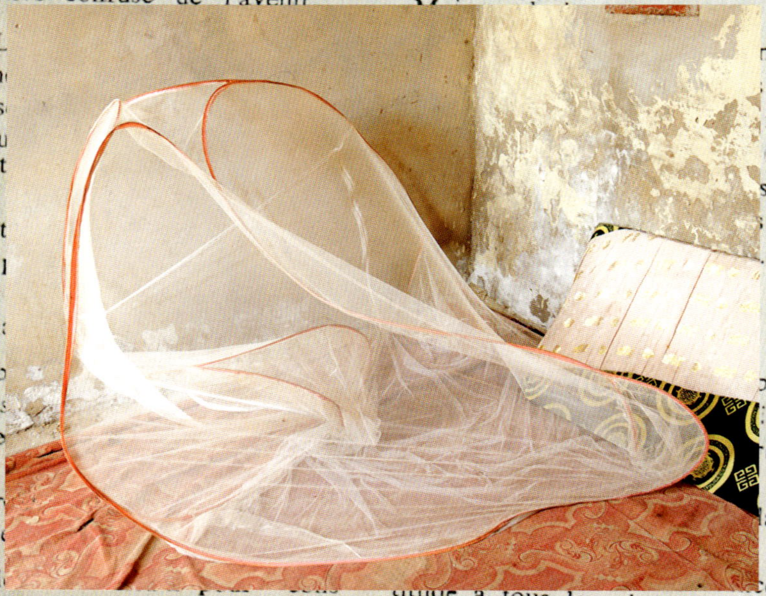

truire un abri au « soleil et au froid ». Toutes les couches de notre peuple sont sur la scène, personne n'est plus à l'abri de cette « fièvre » fébrile. Tous les moyens permettant d'avoir une parcelle de terre sèche sont bons. Ceux qui ont de l'influence en avaient usé abusivement pour un petit lopin de terrain, ceux qui n'en ont pas utilisaient tous les détours et subterfuges à portée de leur esprit et même ceux qui ne le sont pas

Certains citoyens sont, par leur situation sociale, i pables d'achat de lopin de t Aussi la distribution grat décidée par le gouvernemen le Parti, de parcelles de ter à tous les démunis a été seul espoir. Un grand nombr déjà reçu des terrains qu'il construit tant bien que r

titude à tous les niveaux.

Conditions hygiéniques où êtes-vous ?

Il y a un autre problème également qui se pose à ces citoyens de la zone d'attente. Les conditions hygiéniques et sanitaires spécifiques à eux sont presque inexistantes. En effet les quelques seaux d'eau que l'on acquiert en bataillant rudement sont réservés à la cuisine (éventuellement) et à la boisson et si un sacrifice

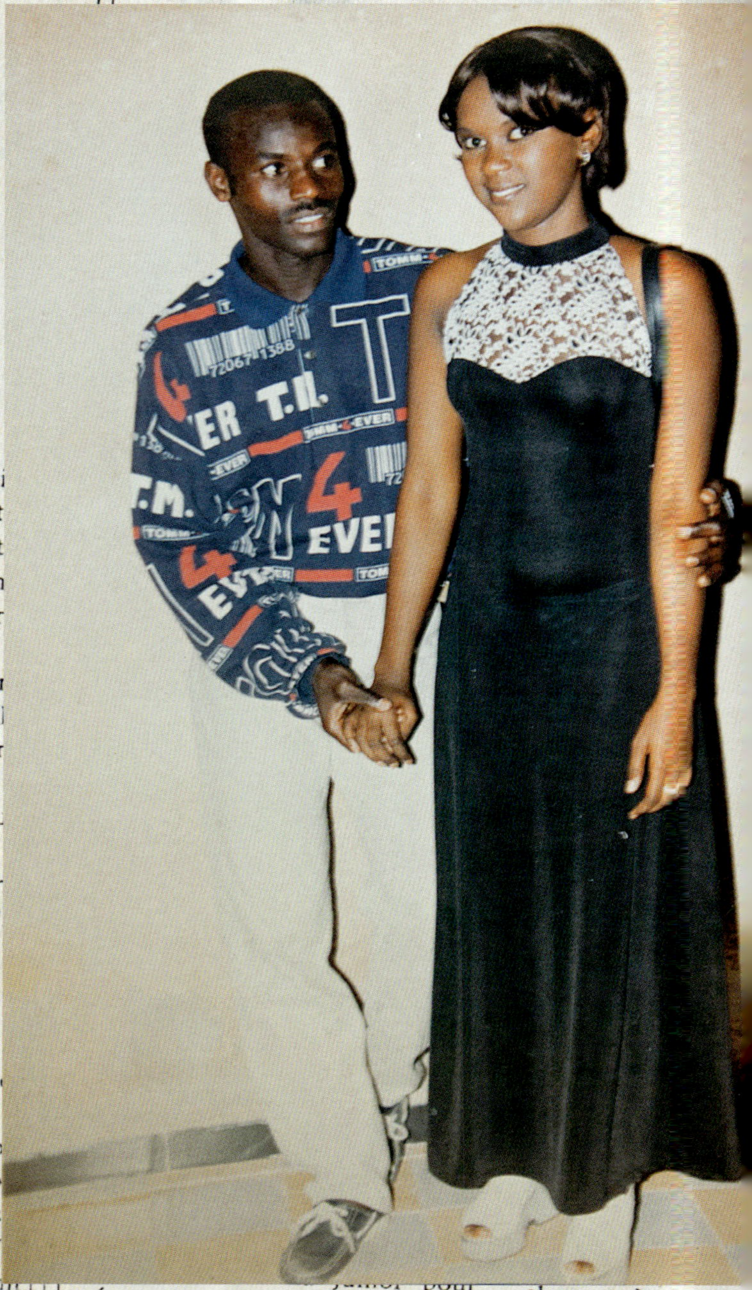

préparer la succession et en vue de notre participation aux compétitions africaines juniors.

On sait que le foot_ball actuel doit faire bloc. Cela veut dire qu'une équipe doit non seulement pouvoir s'entendre sur le terrain mais former un bloc avec ses éléments créant un véritable esprit d'équipe devant présider à la destinée de tous ceux qui ont voulu s'unir librement dans des formations sportives. Les joueurs doivent s'adapter au terrible foot_ball d'aujourd'hui. Toute formation

cheront à faire leur aîné en un tun. C'est ce ph chologique qui d moteur dans le c vainqueurs du avril. Il devra t la motivation da de l'effort physi et technique de lionceaux »

Leur jeunesse e cheur sauront deve sance et leurs glo là où n'ont pas réu nés de l'équipe

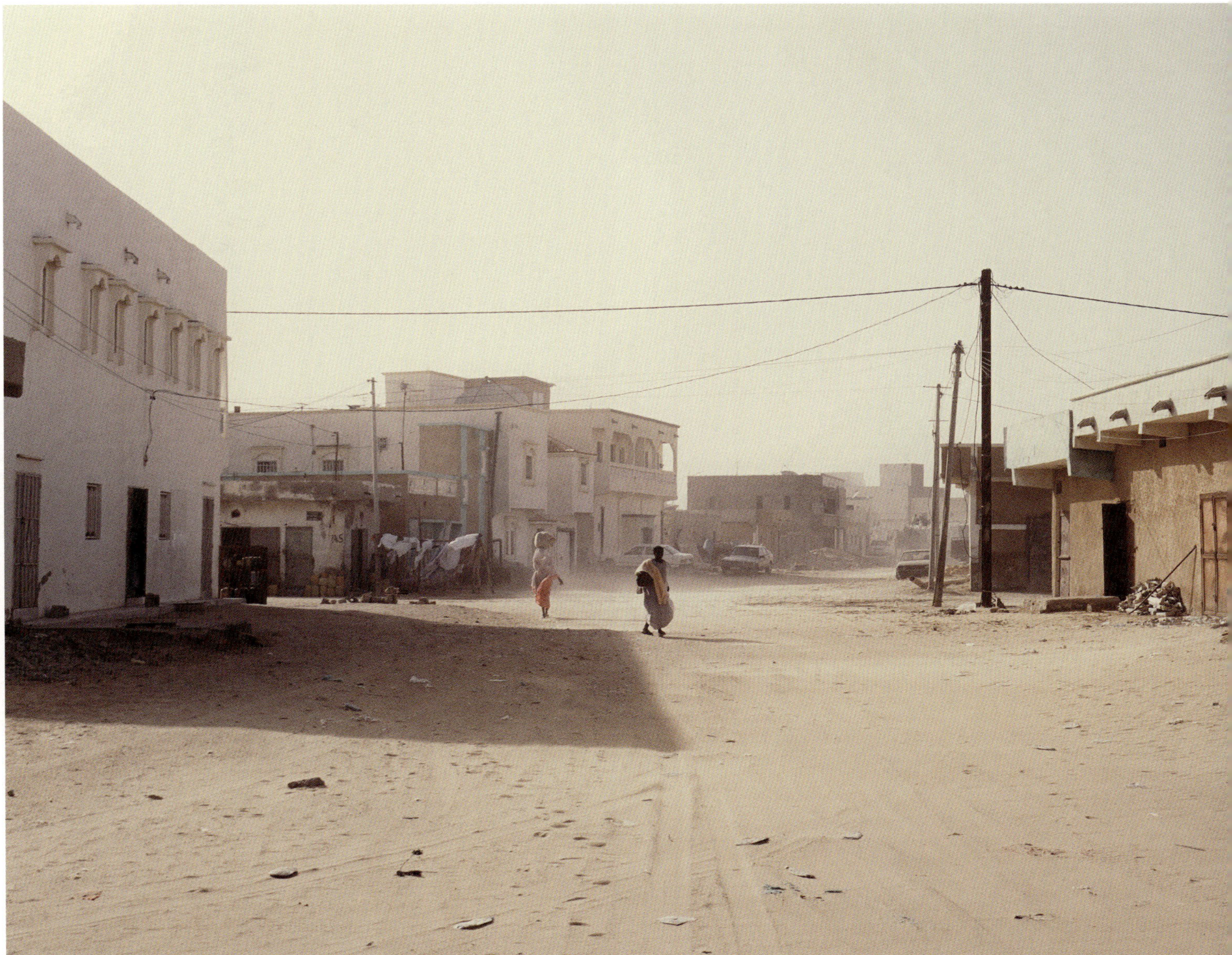

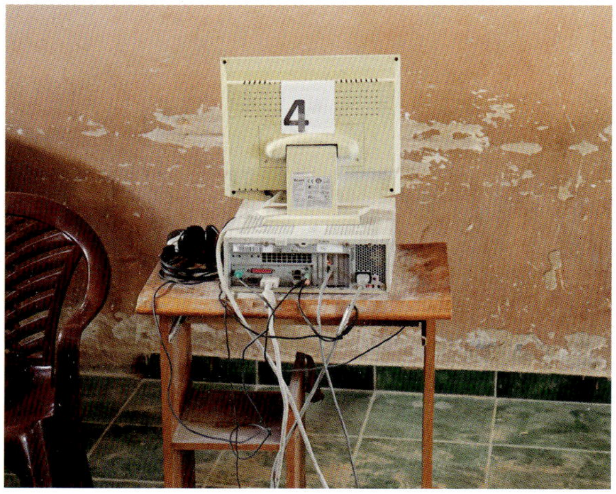
4

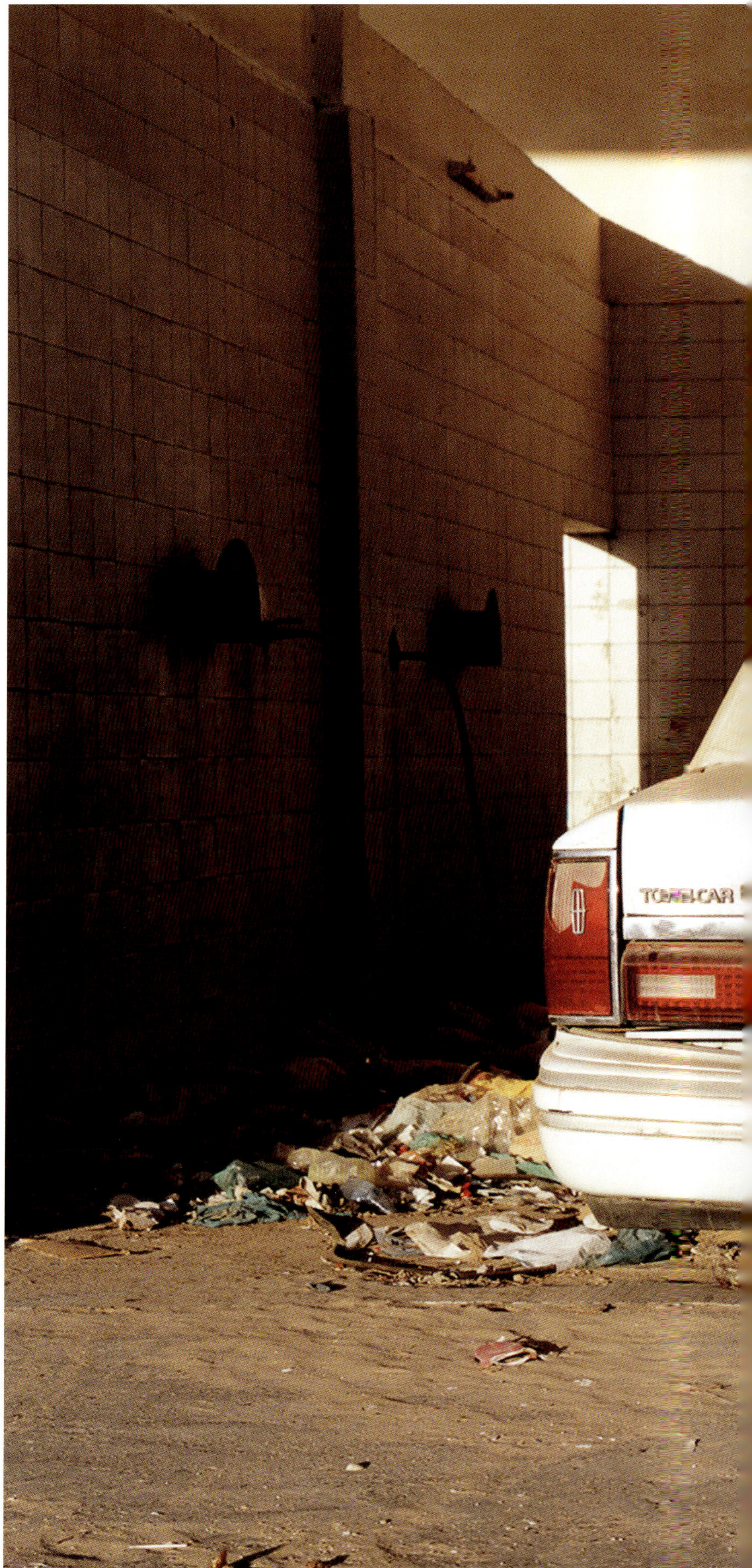

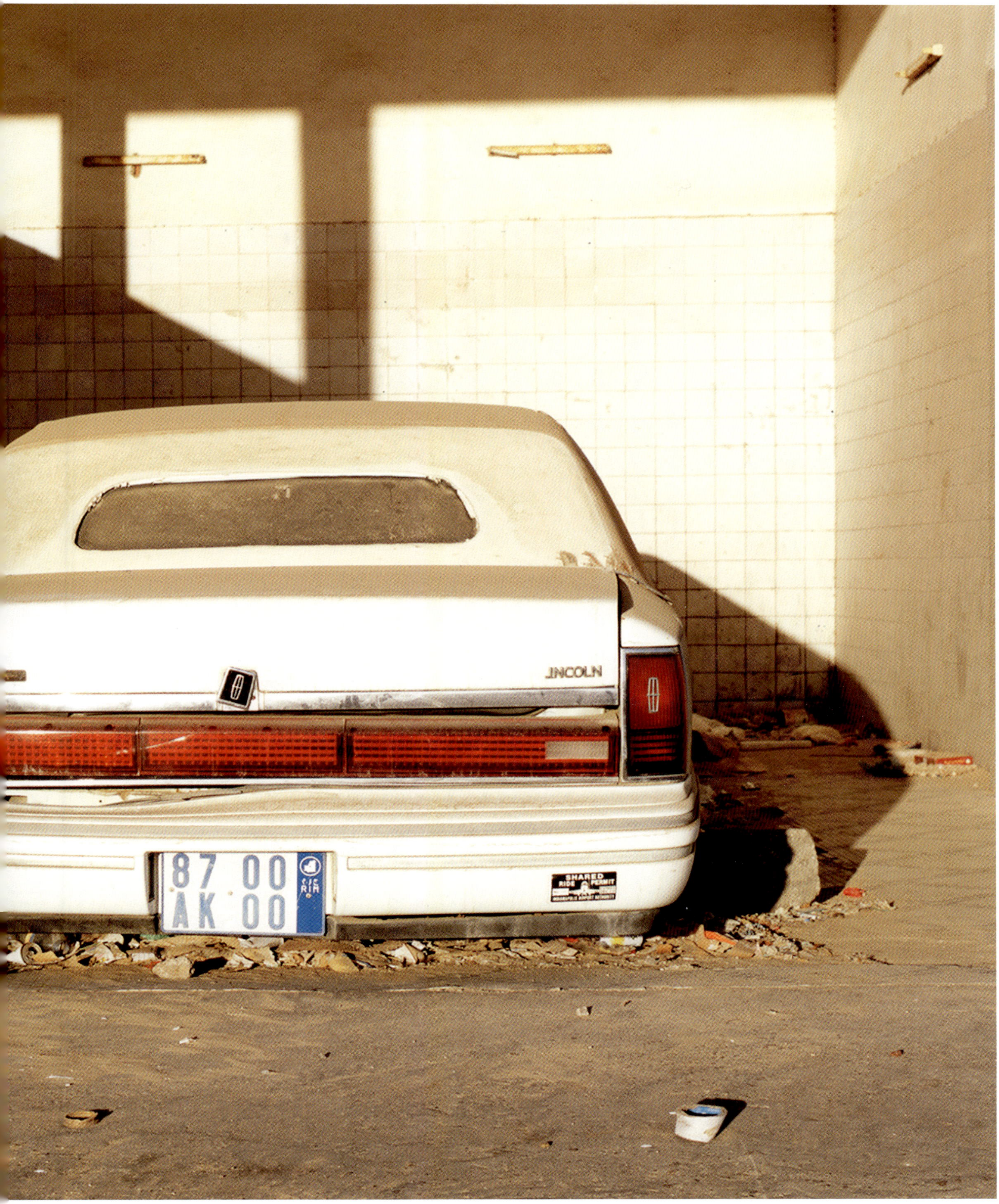
INCOLN
87 00
AK 00
SHARED
RIDE PERMIT

الجمهورية الاسلامية الموريتانية

République Islamique de Mauritanie

شرف - اخاء - عدالة

Honneur - Fraternite - Justice

OFFICE NATIONAL
DE LA STATISTIQUE

المكتب الوطني للاحصاء

دليل الاحصاء السنوي
ANNUAIRE STATISTIQUE

السنة
ANNEE 1988

الفصل
TRIMESTRE

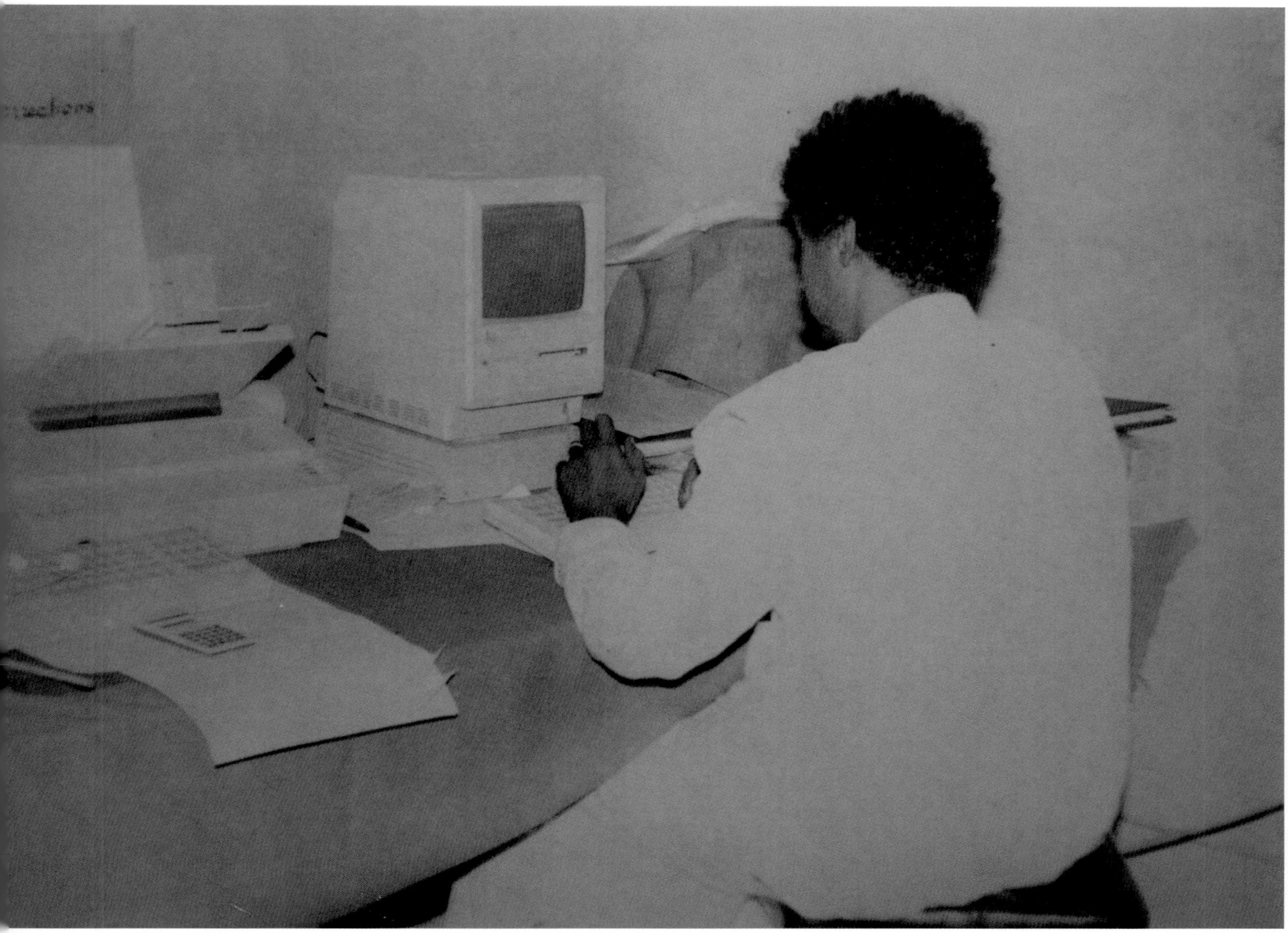

3 - 3 TRANSIT

L'un des bouleversement des nomades à un mode de vi l'enquête démographique de 196 et 3).

Au recensement de 19 conclusion qu'entre 1965 et 197 que les taux d'accroissement natu

Ce processus de sédentar s'est poursuivi après 1977 avec l parvenu à son terme comme l recensement de 1988.

La barre des 10% sembl ancré dans les mentalités. Une déplacements sur de courtes dis permanence avec les troupeaux (

Au cours de ces deux pé d'abord d'une prédominance accélération de la sédentarisation

(2)

PREFACE

NOMADISME /SEDENTARISATION :

eurs des douze années après 1965 fût le passage massif entaire suite aux sécheresses des années 1970. Selon viron 65% de la population étaient nomades (tableau 1.2

ette proportion n'était plus que de 35%. D'où cette s d'un nomade sur deux s'est sédentarisé. Ceci suppose les deux catégories de population sont identiques.

n, fixation dans les villages ou dans des centres urbains heresses récurrentes des années 1980. Peut-être qu'il est ue la proportion très faible de 12% de nomades au

ndice plancher difficile à crever tant le nomadisme est elle forme de nomadisme est cependant plus probable, de familles entières ; seuls les bergers se déplaçant en ge extensif).

s, le milieu rural s'est complètement transformé, passant e à une prédominance sédentaire, ensuite par une et les dernières périodes.

hier une pénurie d'eau potable. ment. Des citernes ont conti- bitants de l'arrondissement

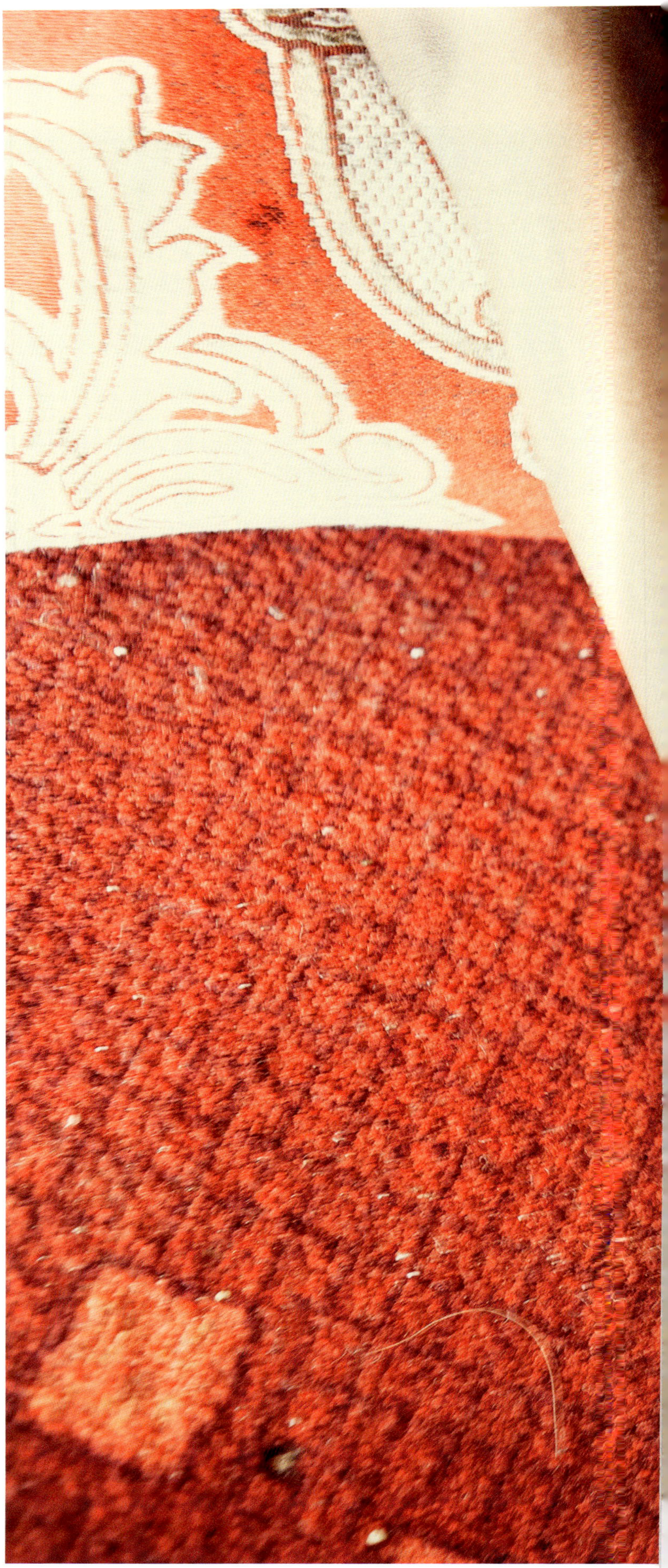

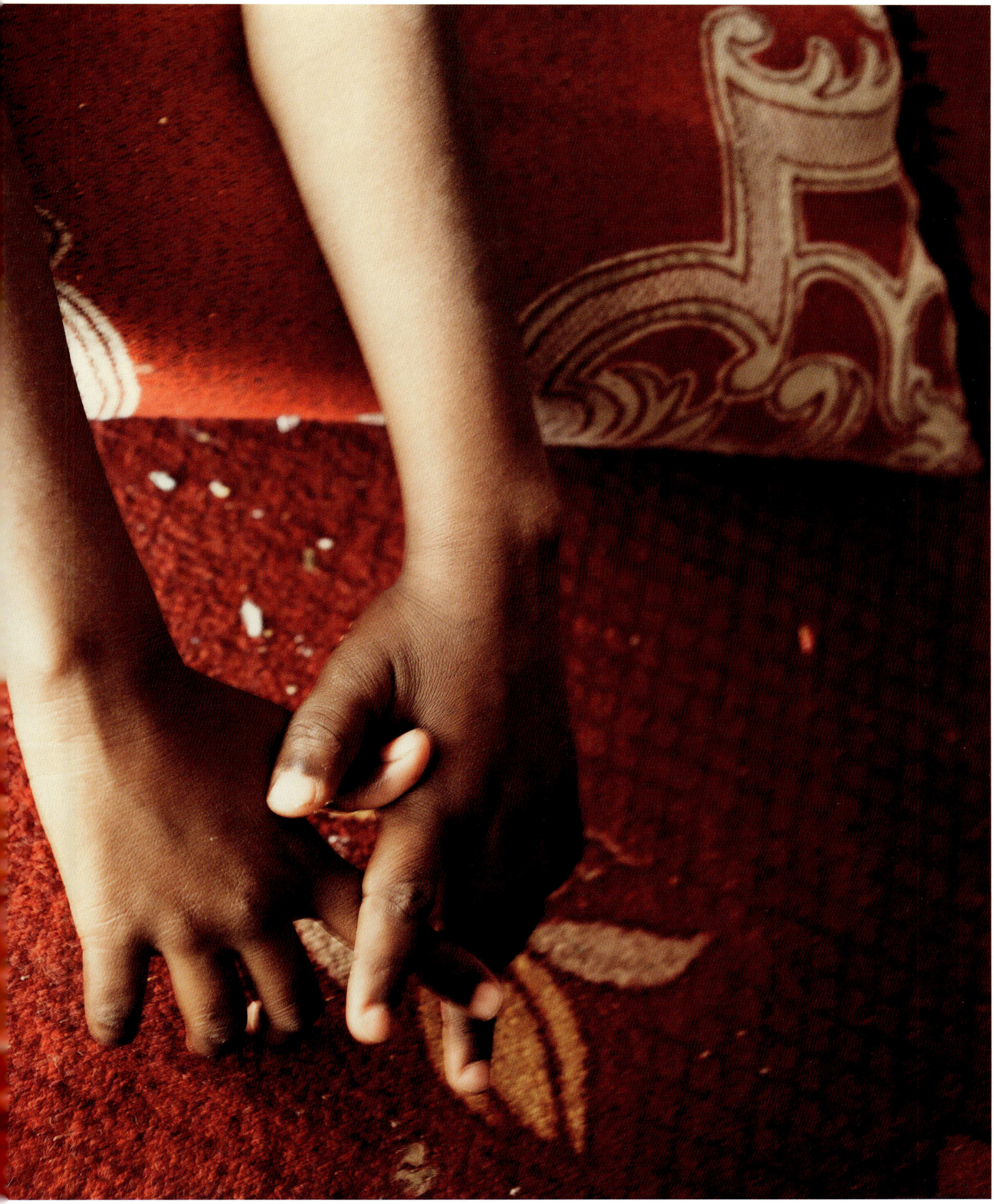

Tableau I4.- Répartition des Ménages et des Personnes par Catégorie de taille de ménage selon la taille du Logement à NOUAKCHOTT.

b)- Habitat Mobile.

Taille du Ménage \ Taille du Logement		Baraques(nombre)			Tentes(nombre)			TOTAL TOU LOGEM
		1	2 et +	TOTAL	1	2 et +	TOTAL	
1 Personne	Nombre de Ménages	375	13	38				1 96
	%Ménages de la catégorie	19,1	0,6	19.				IO
2 à 4 Personnes	Nombre de Personnes	3 401	363	3 76				20
	Nombre de Ménages	1131	101	12				68
	%Ménages de la catégorie	16,6	1,5	18				IO
5 à 8 Personnes	Nombre de Ménages	1409	467	187				7849
	Nombre de Personnes	8678	3055	11				48 93
	% Ménages de la catégorie	18,0	5,9	23				IO
9 Personnes et +	Nombre de Ménages	236	242	47				2 6
	Nombre de Personnes	2 336	2 642	4 9				31 1
	%Ménages de la Catégorie	8,7	9,0	17,7	15,2	0,9	16,1	IOO
TOTAL TOUS MENAGES	Nombre de Ménages	3 151	823	3 974	6 486	91	6 577	19 3
	Nombre de Personnes	14 790	6 073	20 863	32 671	630	33 301	102 9
	Taille moyenne des Ménages	4,69	7,37	5,24	5,03	6,92	5,06	5,33
	% Des Ménages	16,3	4,23	20,6	33,6	0,5	34,1	IOO,0

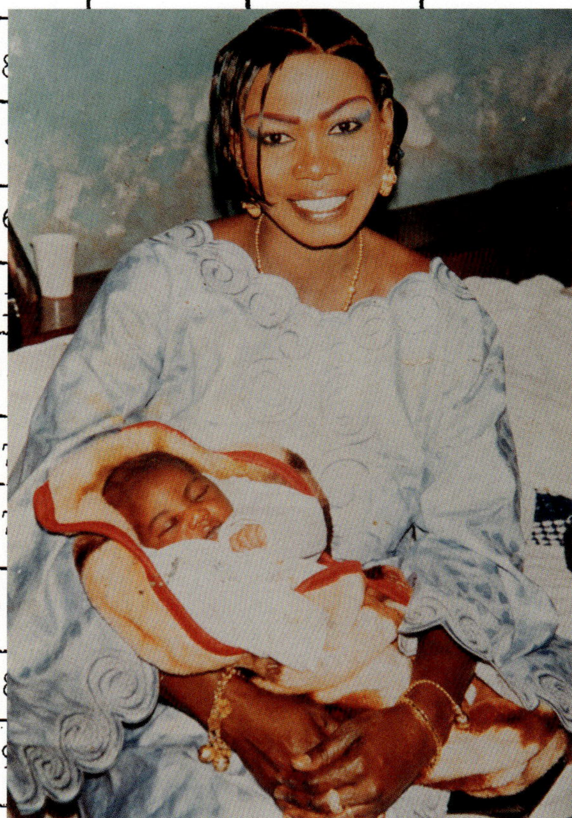

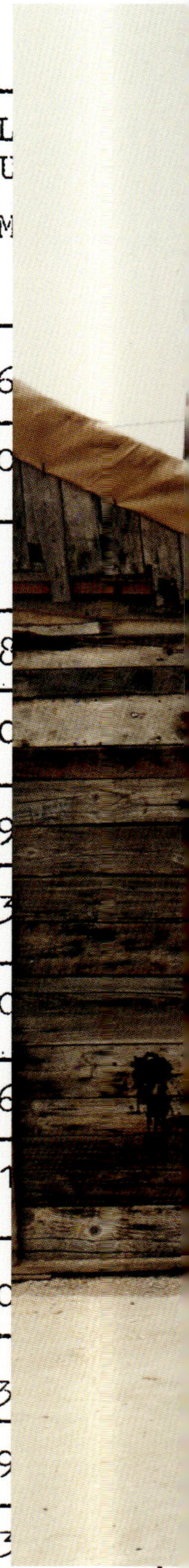

SECTION 8

CARACTERISTIQUES DE LOGEMENT

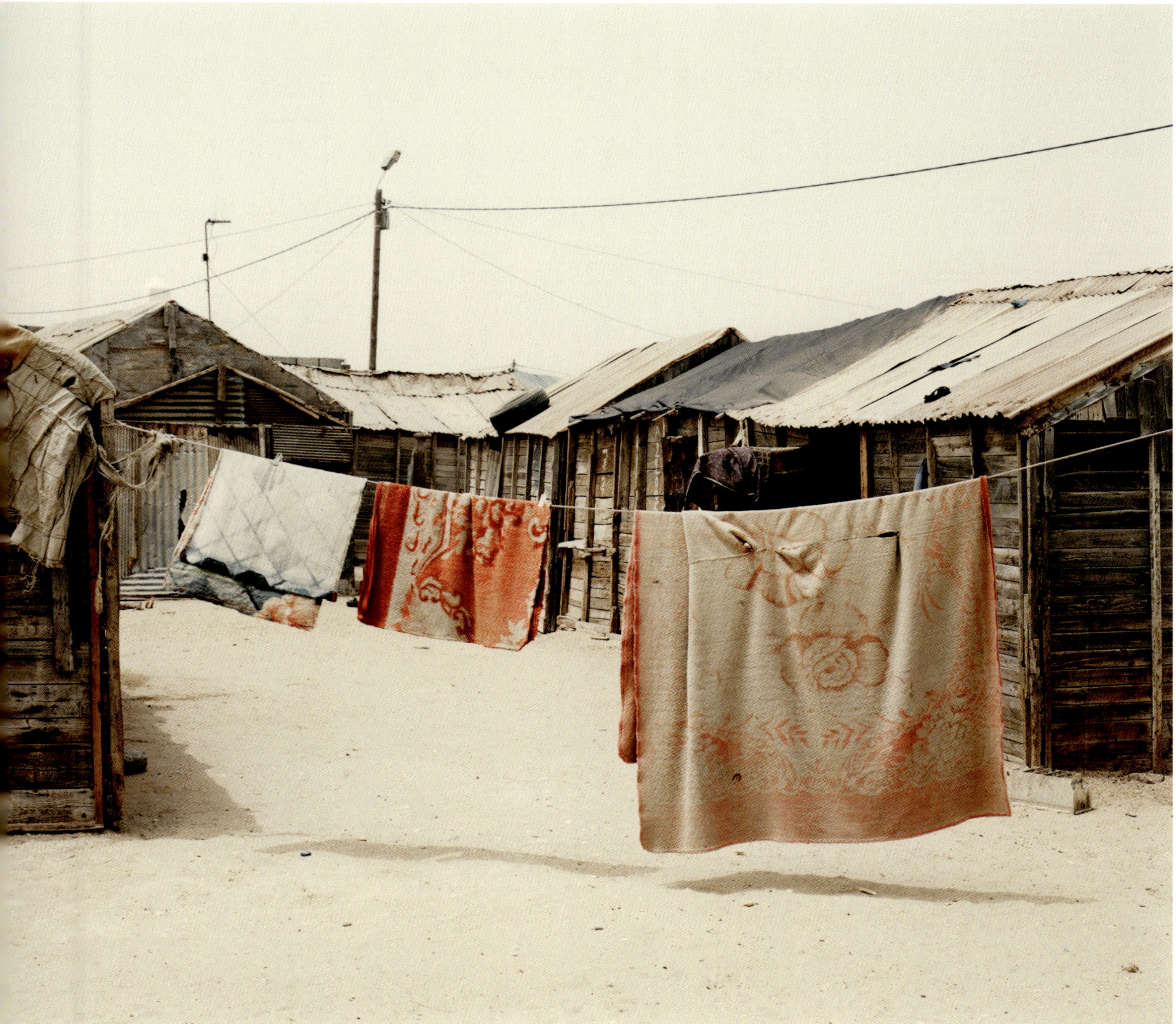

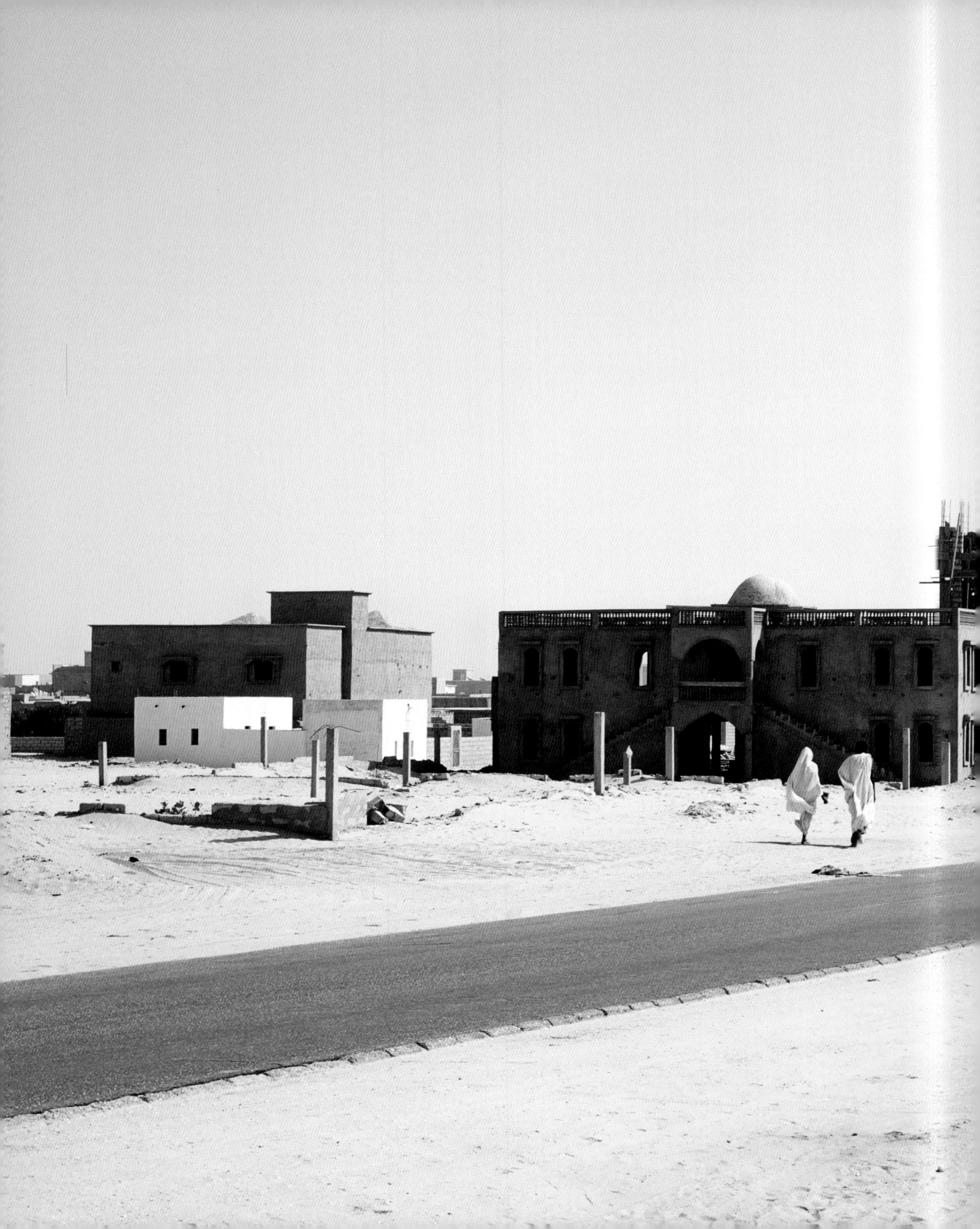

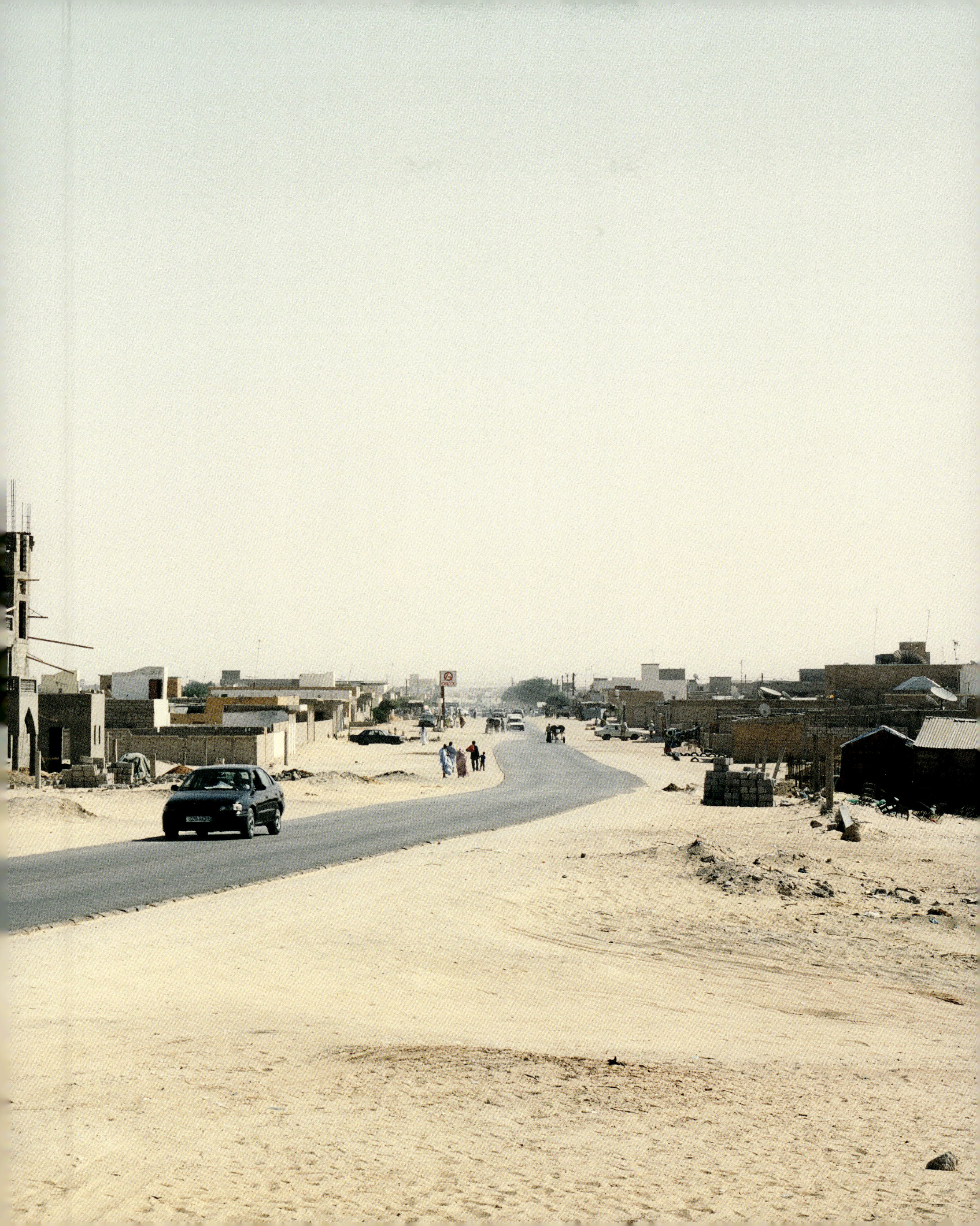

DANS L'ATTENTE DE L'HYPOTHETIQUE TERRAIN...

quittez le premier arron-
t, vous prenez l'une des
ses pistes poussiéreuses
entent vers le nord, vous
quelques terrains vagues
ça et là de maigres « ver-
dont la terne couleur se
avec la grisaille générale
quement vous débouchez
immense enchevêtrement
ques et de tentes s'agitant
. L'ensemble s'étend sur
de zone aux contours va-
imprécis et se coule sous
de la grande dune brune
ve située au nord-ouest

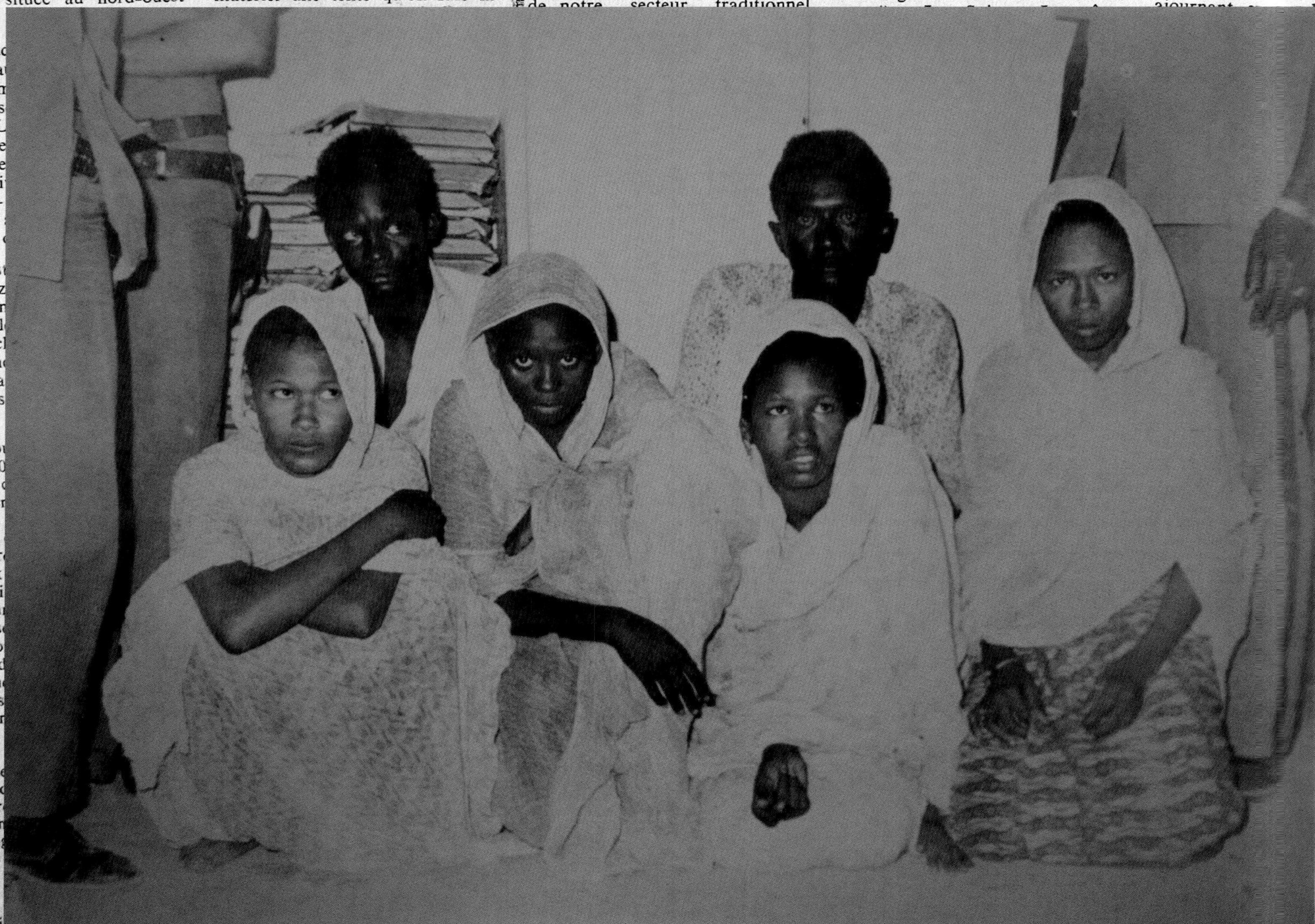

'où
qu'il n'y a pas un départe-
t de la vaste Mauritanie qui
compte quelques « ressor-
nts » dans la « zone-tam-
». En effet ces dernières an-
par suite de la sécheresse
istante, rares sont les coins
a Mauritanie qui ne se soient
s d'une bonne partie de leur
ulation, celle-ci émigrant vers
régions offrant des perspecti-
de vie plus alléchantes et no-
ment vers la capitale, vérita-
« El Dorado » d'autant plus
rant que méconnu. L'exode
al s'étendait et gagnait — la
heresse s'installant — les cou-
s rurales les plus profondé-

des villes du pays et tentaient leur chance avec le commerce ou en cherchant un emploi. Et c'est ainsi que naquirent les zones tampon (il y en a une autre au 5e arrondissement). La population est donc essentiellement une population rurale déracinée et chassée de son milieu naturel, un milieu dont l'hostilité ne decevait jamais et confrontée aux problèmes complexes engendrés par une sédentarisation d'autant plus hâtive qu'imposée. On vient avec généralement pour seul et unique matériel une tente qu'on fixe là

nihiler progressivement mais à jamais toutes les velléités, chez celui qui en profite, de se prendre lui-même en charge, pour s'occuper de lui-même et l'amène inexorablemen à attendre tout d'une hypothétique aide extérieure. En un mot, il acquiert une mentalité d'assisté, mentalité aussi dangereuse pour un peuple comme le nôtre que la sécheresse ou les sautériaux ! Ces vivres constituent donc une arme à double tranchant, une arme à n'utiliser qu'avec toute la prudence requise et dont il ne faut jamais abuser.

d'œuvres d'un niveau d'instruction et de formation très bas, ce qui, à moins d'un nouveau souffle de l'économie est fort improbable, soit :

2) - préparer les conditions appropriees, nécessaires pour le retour du gros de cette population à la campagne. Cette solution qui presente de nombreux avantages, permettra à coup sûr, de résoudre durablement le problème. Le premier avantage qu'une telle mesure entrainerait consistera en la mise en valeur

3) - Le problème de l'eau : bien que, à l'heure actuelle, ce n'est pas la déshydratation qui menace le plus les habitants de « El Oumla », on peut craindre vu « les coupures » et l'irrégularité de l'approvisionnement en eau dans le passé qu'il ne soit de nouveau perturbé et souhaiter que des mesures énergiques soient prises, à l'avenir pour assurer une alimentation régulière en eau de la zone.

C'est déjà beaucoup d'affronter l'absence de terrains, d'emplois, d'une nourriture satisfaisante et si l'eau se met à jouer les dis-

tées dan le 1er. Les enfants qui fréquentent l'école rencontrent d'énormes difficultés pour se rendre à l'heure à leur classe. Issus en général de familles très modestes, ces enfants n'ont pas la possibilité d'être véhiculés et sont obligés de recourir au train « 11 » et c'est essoufflés qu'ils arrivent enfin. Tout cela entrave grandement la poursuite de leurs études. Il faudra ajouter que, eux aussi, ceux qui sont arrivés à obtenir un emploi risquent de le perdre, tant leur lieu d'habitat est éloigné de celui de leur travail.

re de se défouler utilement tout en lançant un ballon d'essai. Les résultats, on s'en doute sont toujours fort peu concluants ! Qu'y a-t-il exactement ? Il y a que les autorités ne disposant actuellement que de 280 lots non encore concédés et le nombre de ceux qui sont encore sur la liste d'attente dépassant sensiblement ce chiffre (280), on a décidé d'attendre que les services des Domaines effectuent un nouveau lotissement. A l'heure actuelle, sur une demande du gouverneur du district, le préfet du 1er arrondissement est en

pagne, leurs chan
un terrain sont mai
et ils le savent. Dep
temps, ils submerge
ment de leurs deman
vices de la préfectu
mandes seront rasse
expédiées au distric
des.

Certes les problèm
ont à faire face les a
nombreux et complex
ne peut que déplorer
administratifs qui ont
trés tout le long de
ajournent

venir en aide aux plus d
sés, soient,, chaque fois,
nées et transformées en
faire commerciale par
« profitards » ass riche
responsables et on peut s
que des mesures draco
soient prises pour déc
à jamais ces actes «anti-so

«Bidon-villè des bidons
pour quelques-uns, dév
pour quelques autres, la
tampon pose tous les pro
que le sous-développemen
poser dans un pays comm
nôtre. En définitive

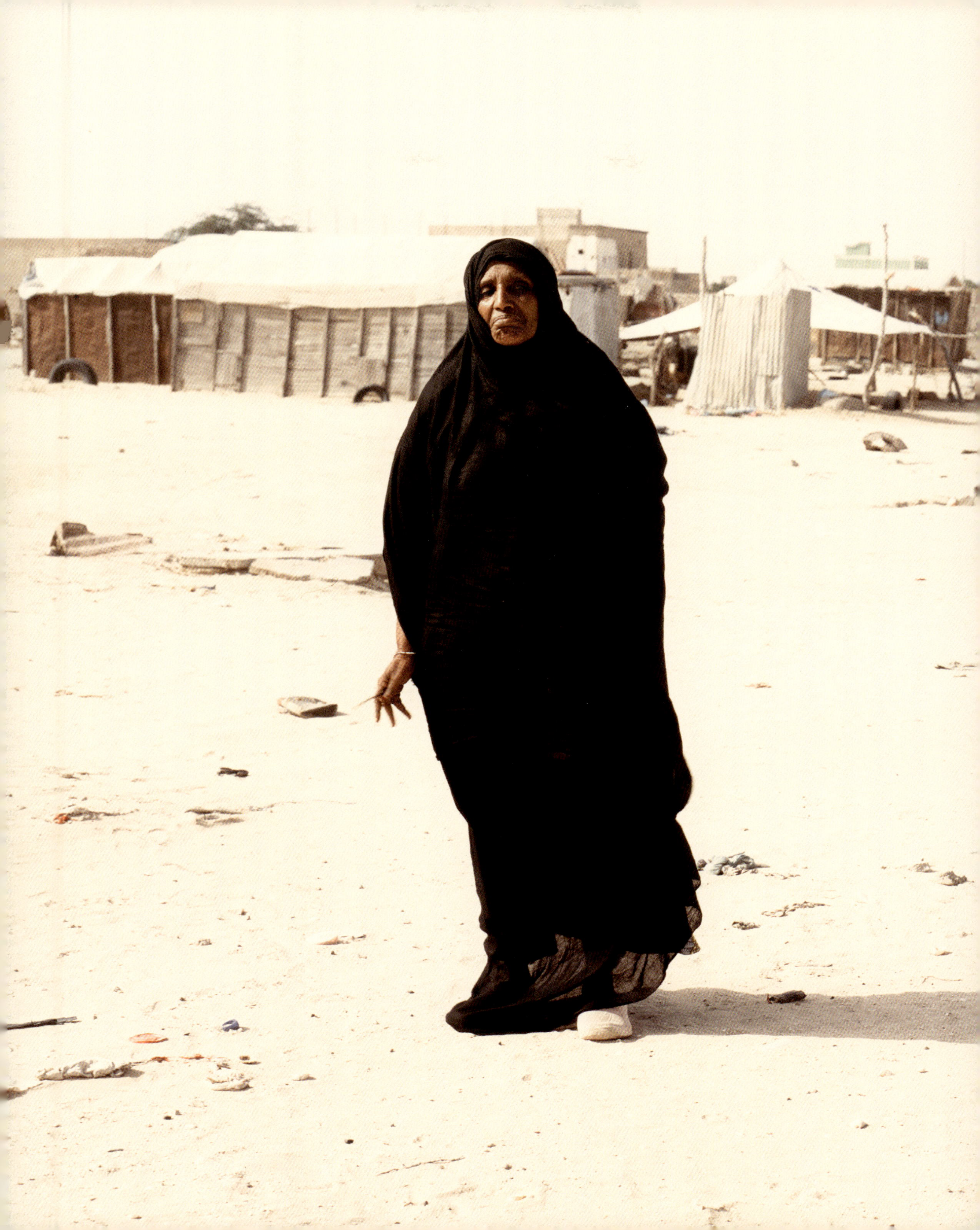

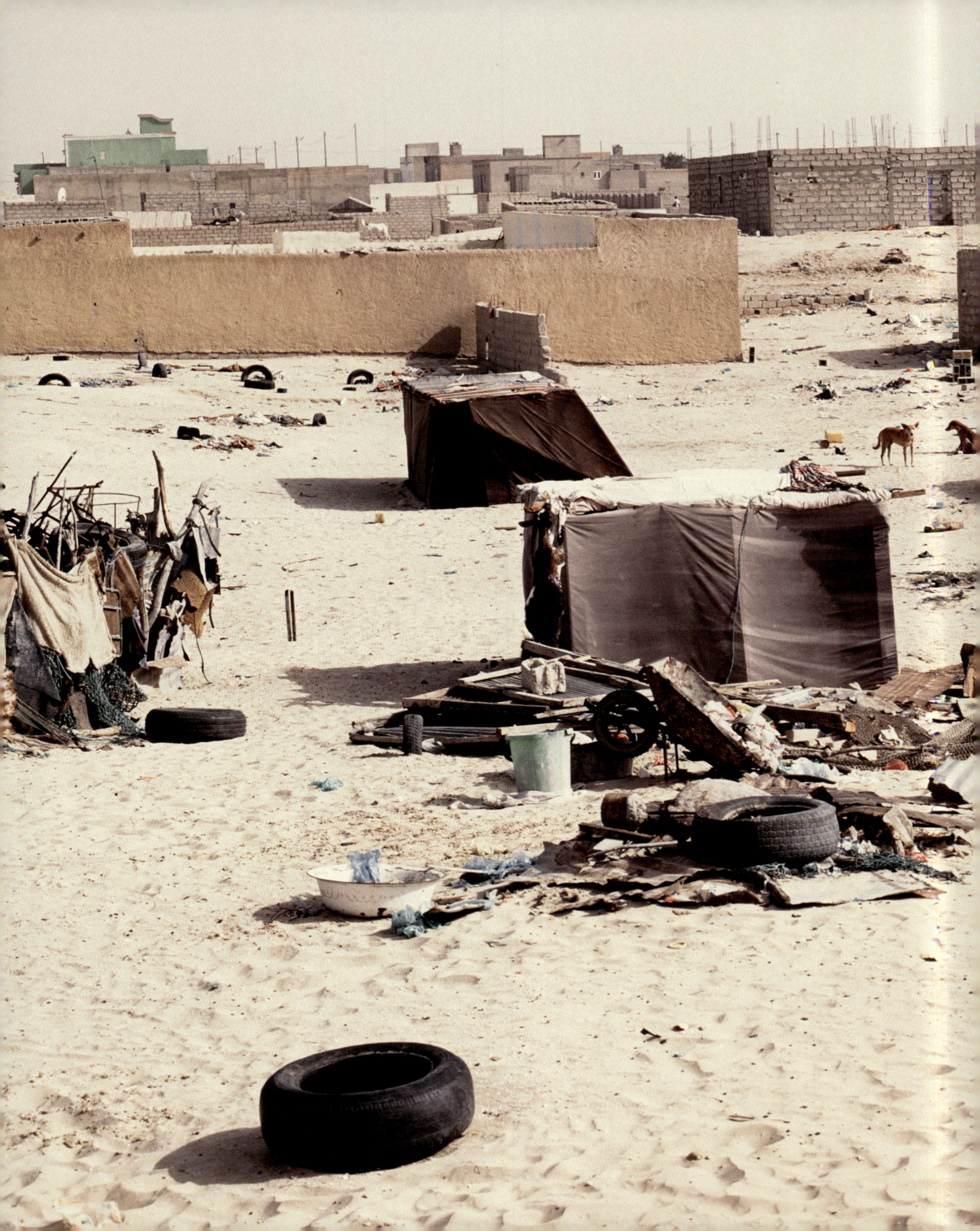

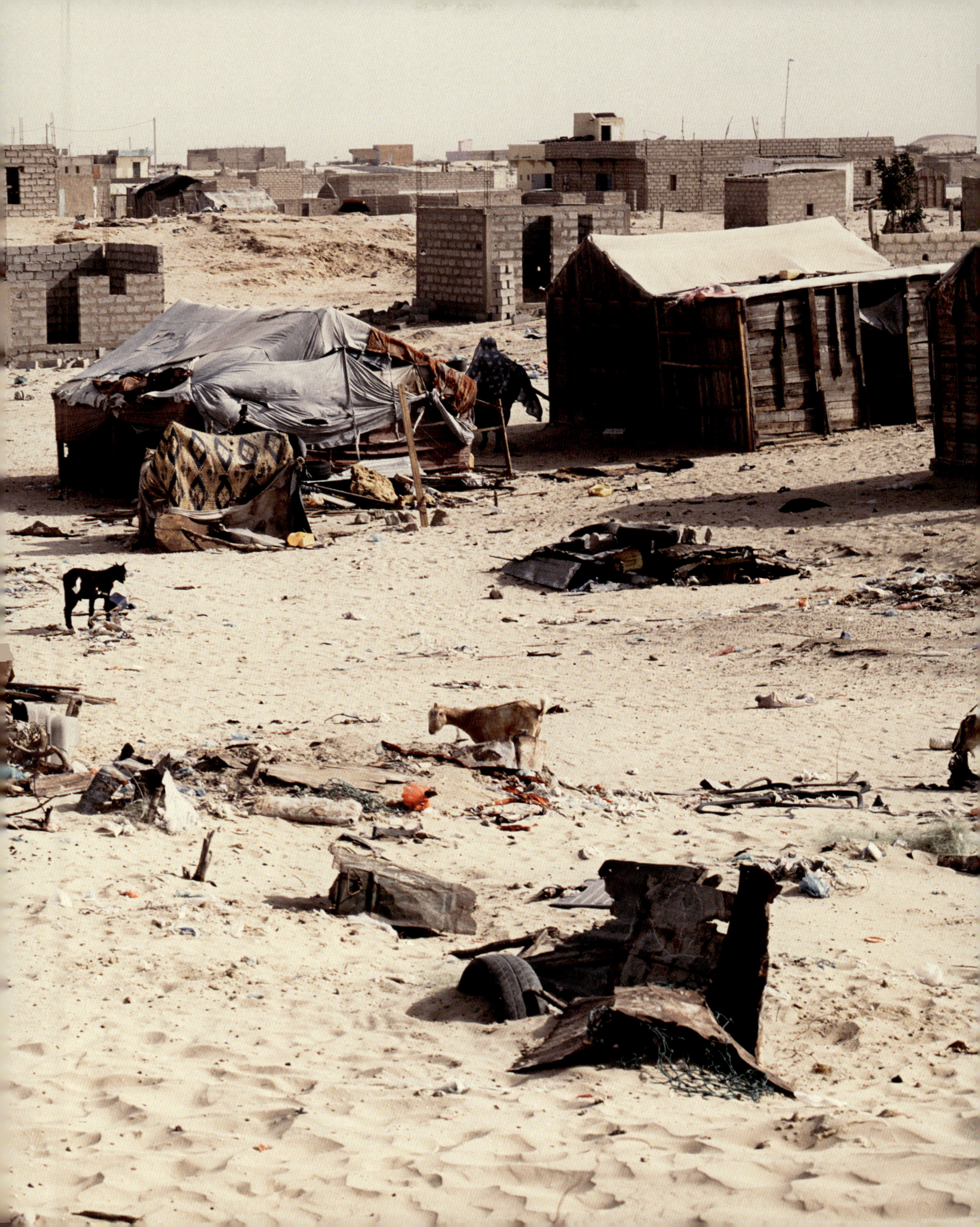

we are
ı for our
ɔout the
of news
ɔad.

ʌNE

ↄR

THE COUNTRY CONFRONTED WITH THE CHALLENGE

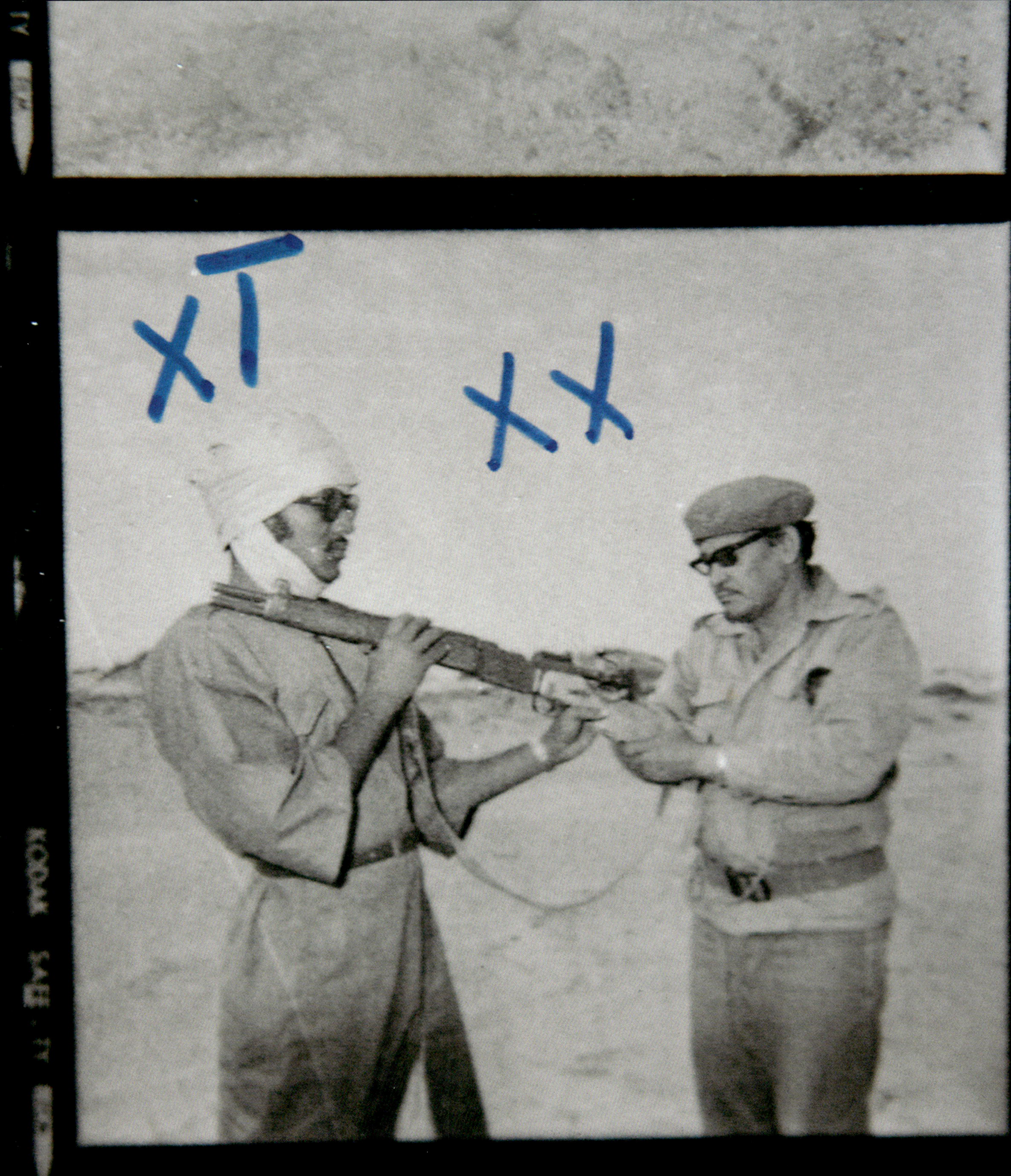

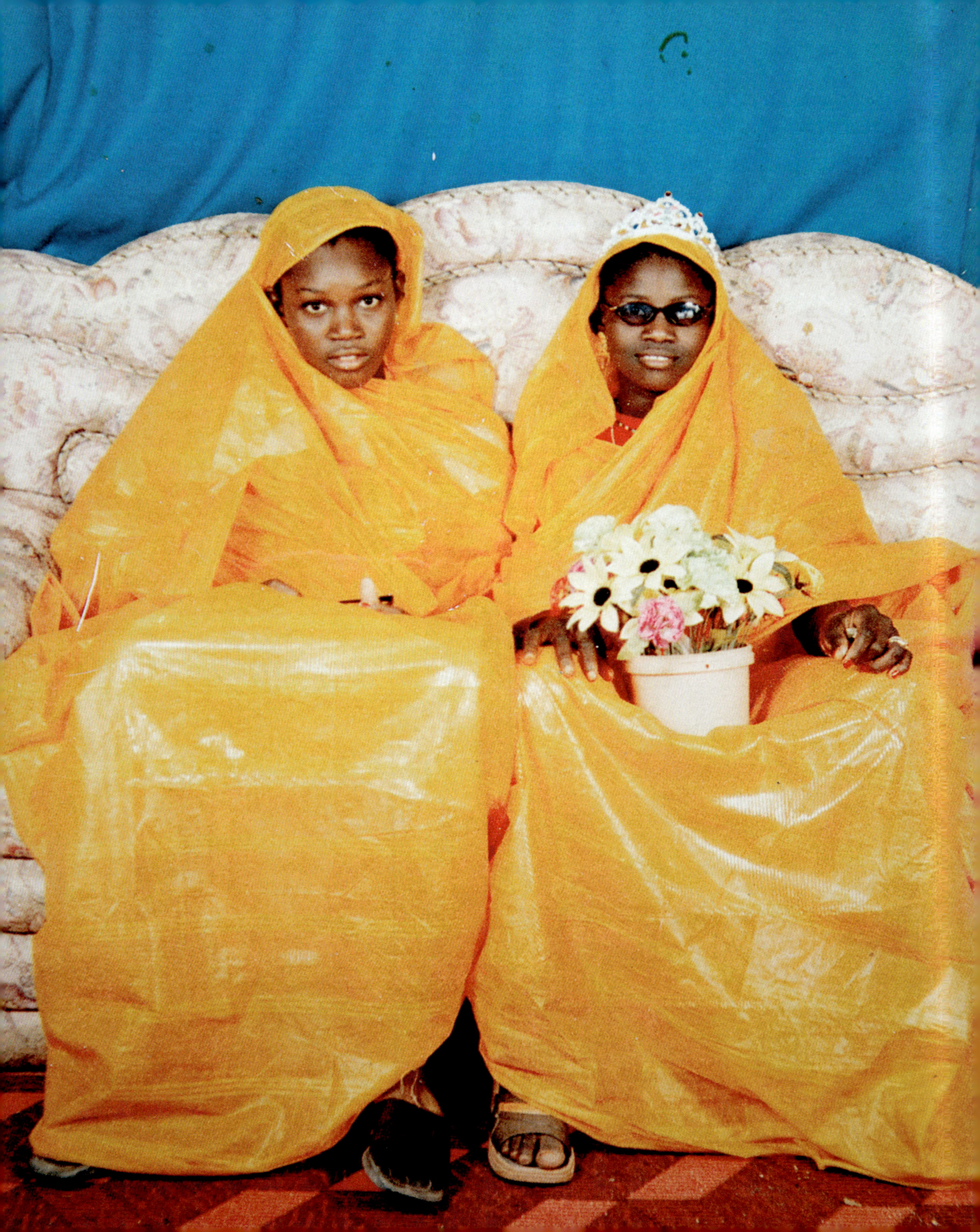

PRIX

PRIX MOYENS DES PRODUITS ESSENTIELS
A NOUAKCHOTT EN 1994

unité : UM

Produits	PRIX	Produits	PRIX
Beurre (227g)	114	Allumettes (la boîte)	7
Biscuits (200g)	28	Ampoule (40 Watts,pièce)	66
Blé (kg)	32	Bougie (la pièce)	16
Boeuf (kg)	330	Bouilloire (la pièce)	603
Carottes (kg)	160	Charbon de bois (kg)	37
Chameau (kg)	343	Chaux (25 kg)	1 734
Coca-Cola (33cl)	36	Ciment (50 kg)	790
Haricots (kg)	67	Cuvette (la pièce)	400
Huile (soja,1l)	147	Eau (m3)	73
Lait stérilisé (1/2l)	67	Electricité (kwh)	25
Maïs (kg)	56	Essence ordinaire (1l)	88
Mil (kg)	54	Fer tord (kg)	101
Mouton (kg)	402	Guinée Taje (le mètre)	149
Oeufs (l'unité)	27	Lampe (la pièce)	572
Oignons (kg)	99	Marlboro (paquet)	112
Oranges (kg)	320	Montre (la pièce)	1 811
Pain (baguet.ordin.)	20	Pétrole (1l)	70
Pommes de terre (kg)	103	Pile électrique (pièce)	35
Riz (kg)	59	Réchaud à gaz (pièce)	2 156
Sel (kg)	31	Savon en barre (180 g)	30
Sucre en morceaux (1kg)	119	Savon en poudre (1 sachet)	20
Thé conditionné (100g)	96	Verre à thé (pièce)	39

source : ONS

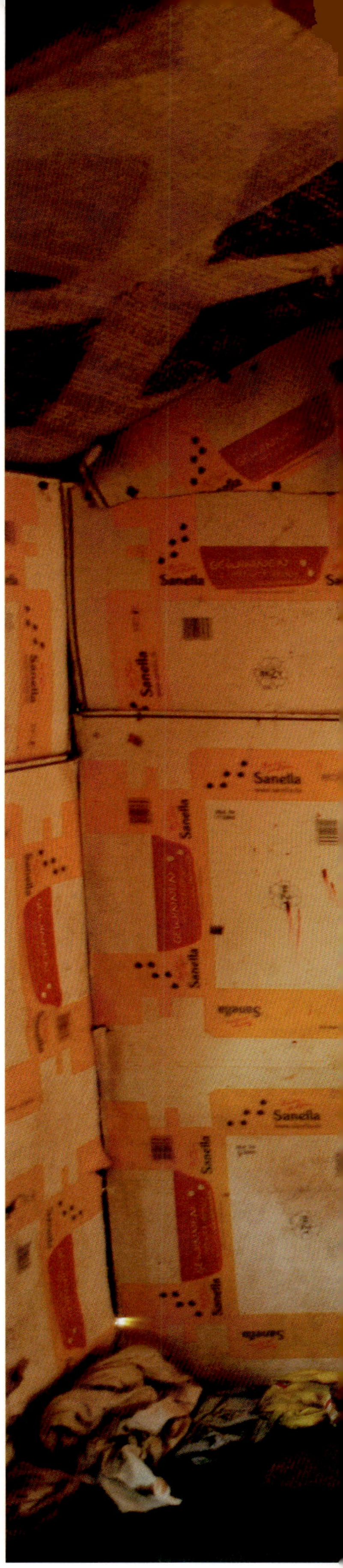

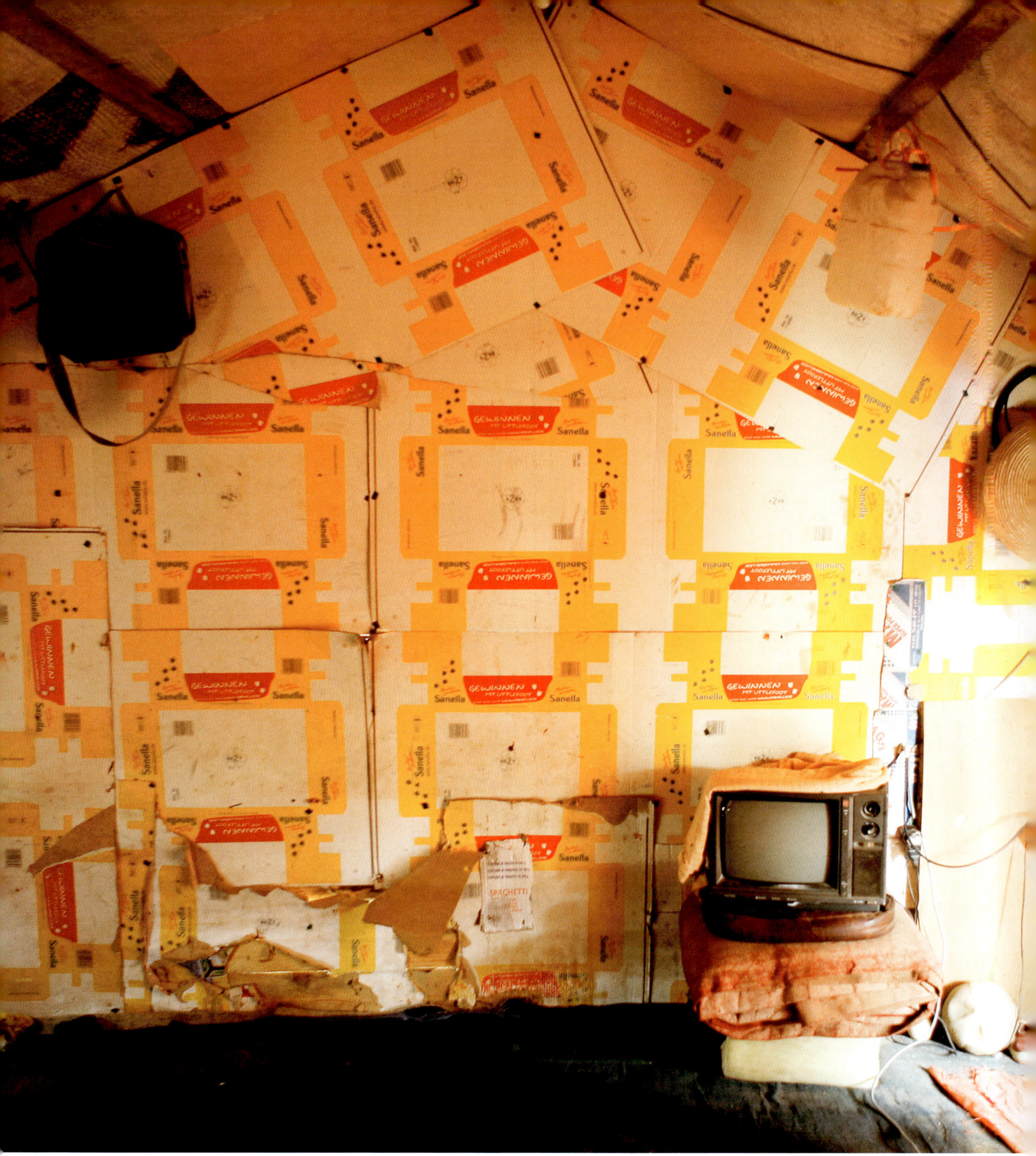
GEWINNEN
MIT LITTLEFOOT
Sanella
SPAGHETTI

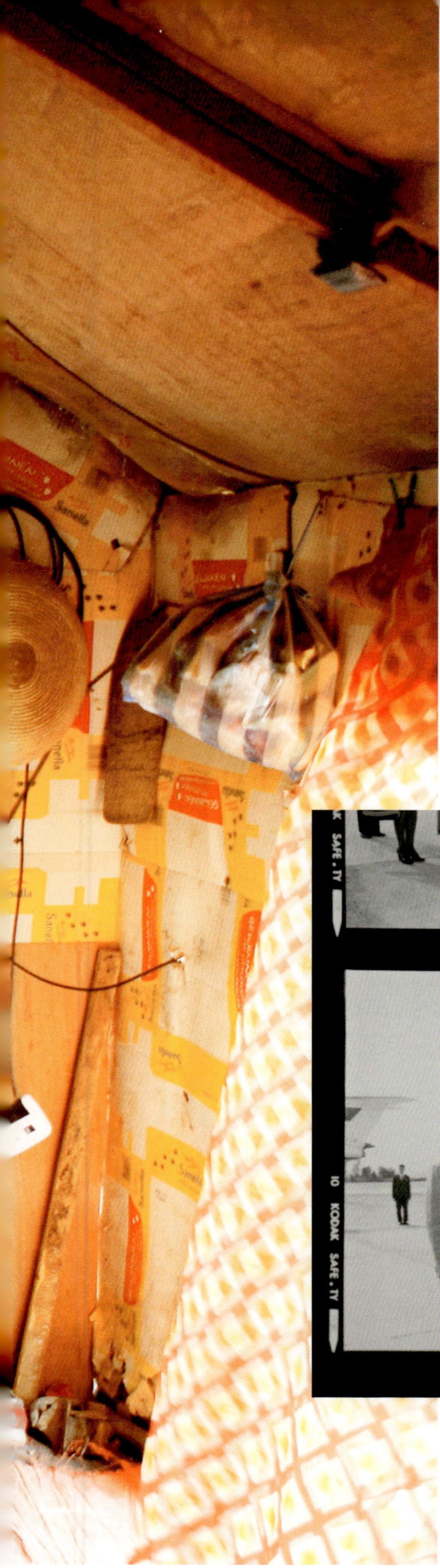

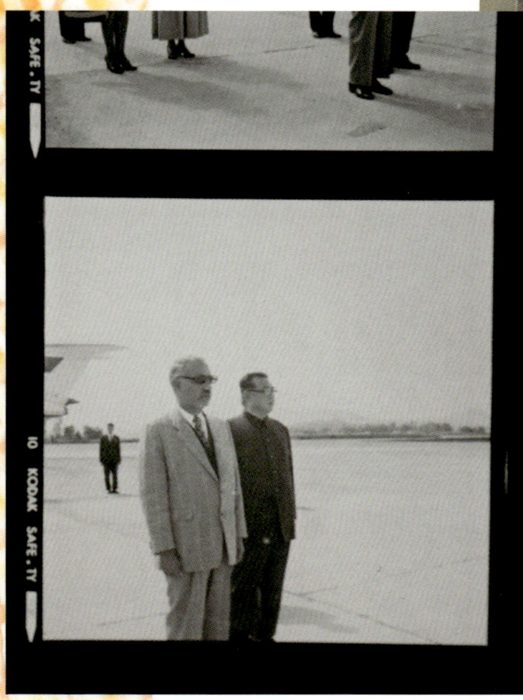
10 KODAK SAFE.TY

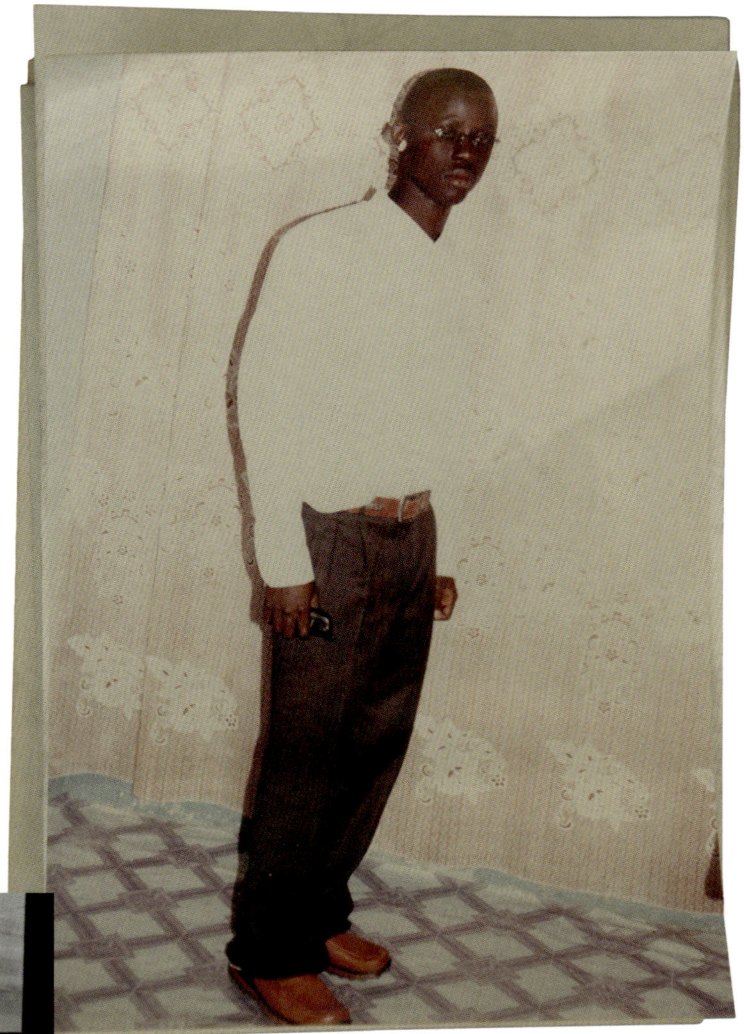

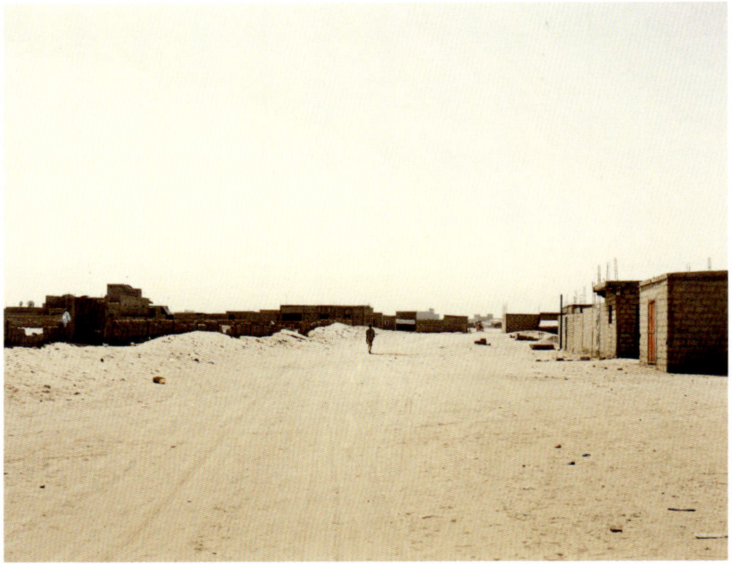

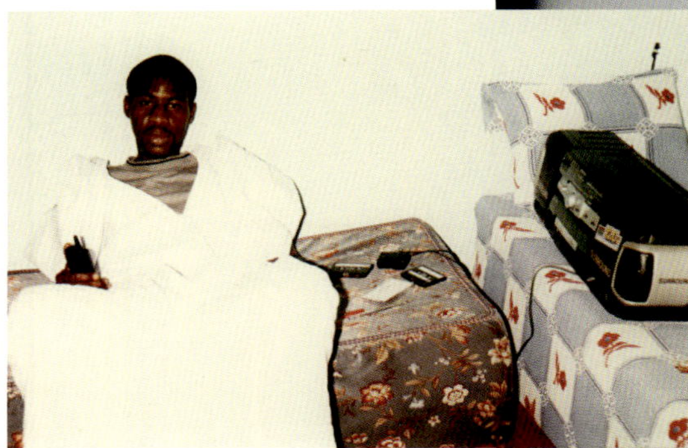

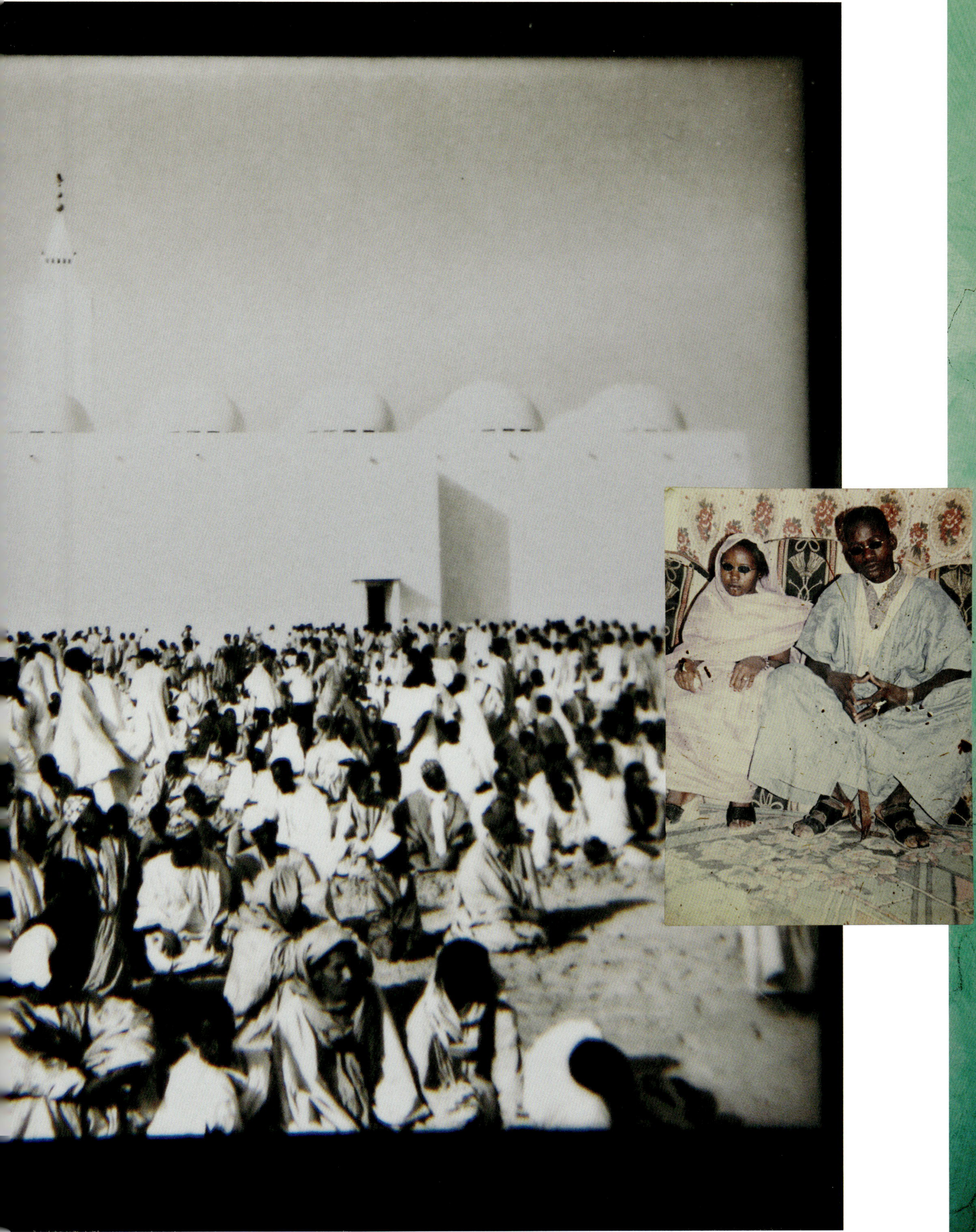

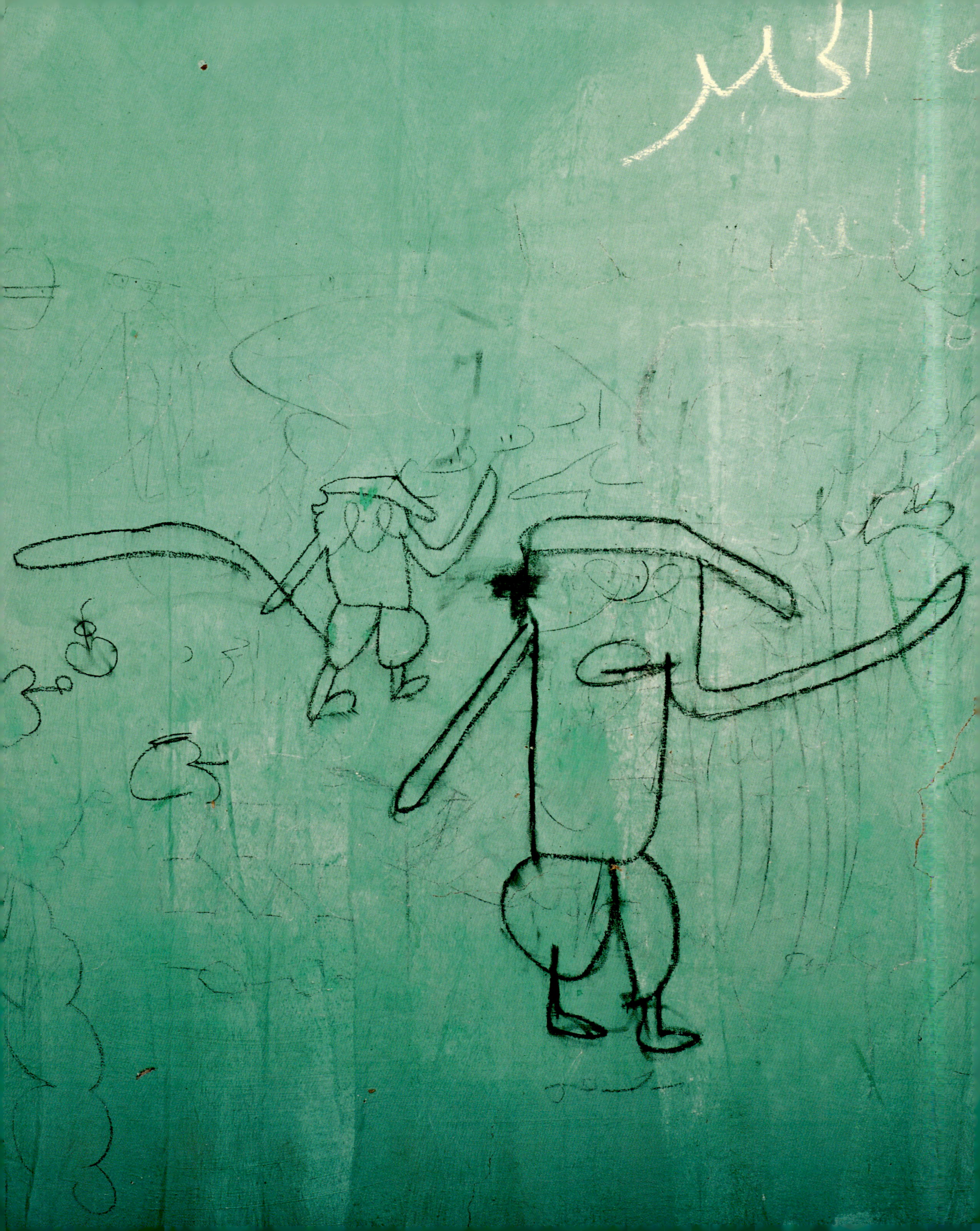

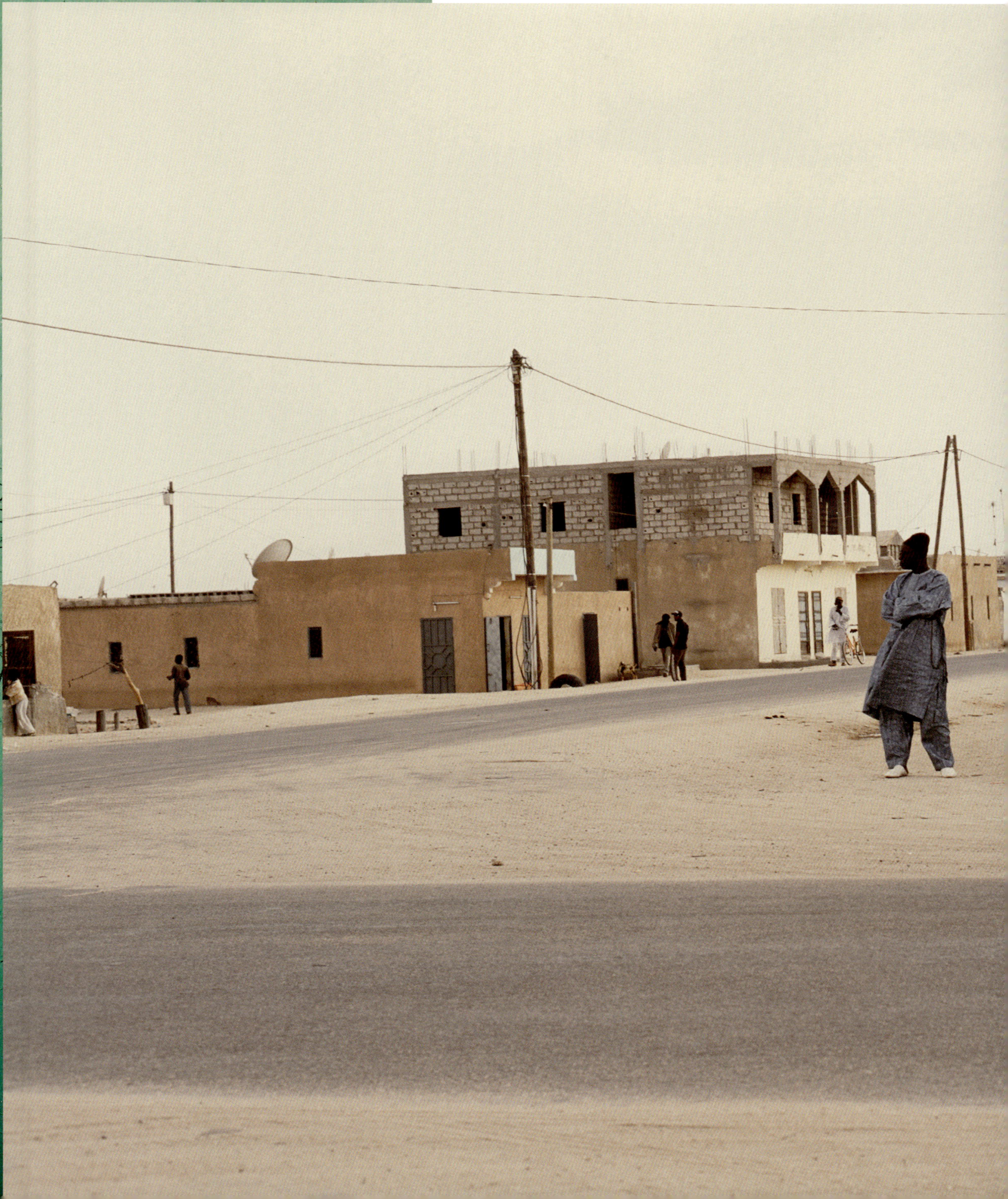

SECTION 17. CRÉDIT ET ÉPA

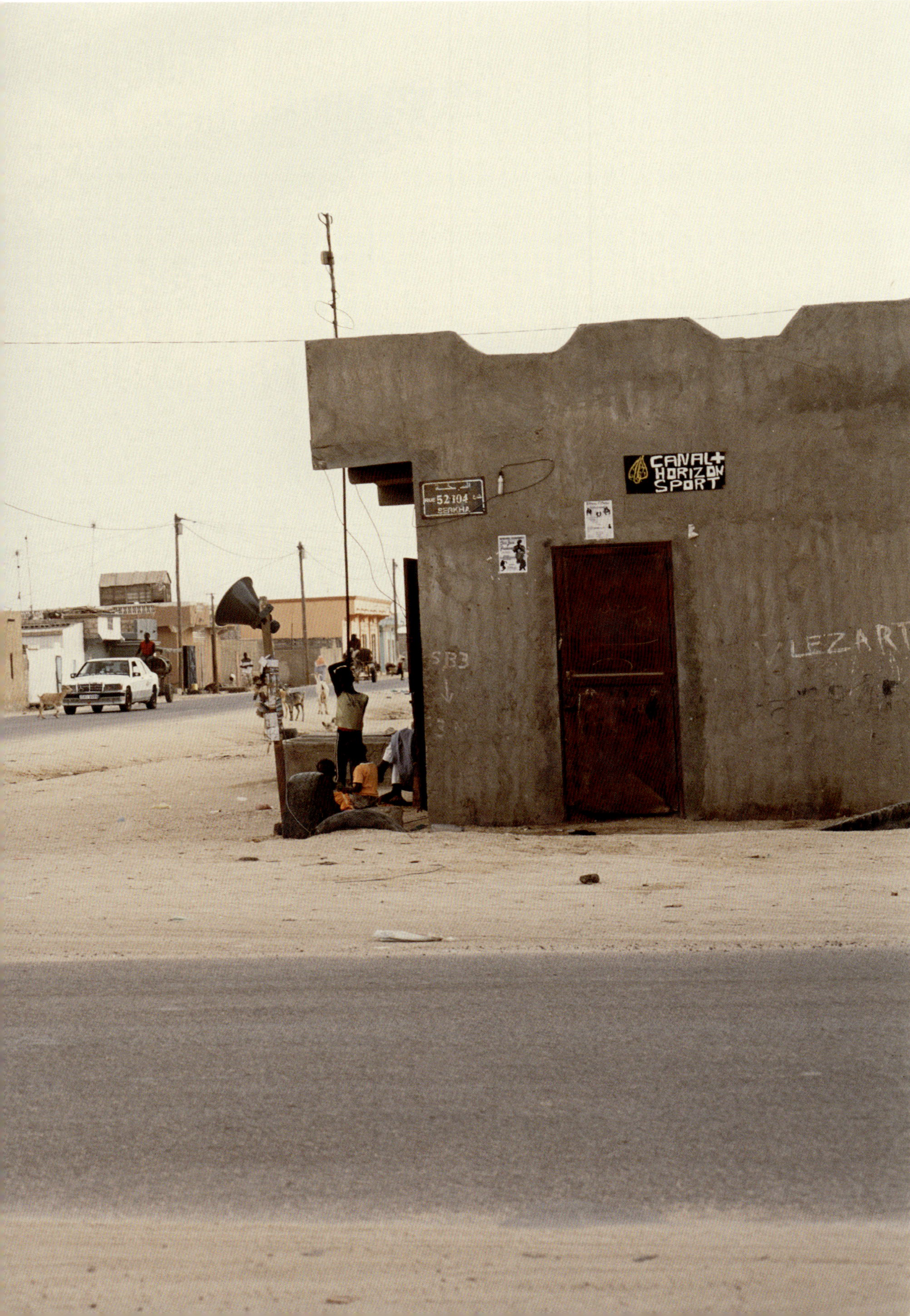

IE A. PRETS ET EMPRUN

s vous poser des questions sur es prêts
fait à autrui et qui ne sont p s encore

bres de votre ménage, ont-ils p été de l
un qui n'a pas encore remboursé cet prêt?
ais, voisins, parents ou parten ires d'en
boursés?

OUI....1

NON....2 (▸ 3)

au total ces personnes doivent-ils aux
oment?

GLOBAL:

bres de votre ménage, ont-ils emprunté d
d'une banque, d'une entreprise, d'une co
d'un bailleur de fonds, ou d'une person
sé?

OUI....1

NON....2 (▸ PARTIE C

au total les membres du ménage doivent-
tions en ce moment?

GLOBAL:

▸ PARTIE B

E

s membres de votre
rsés.

ou des biens à
exemple, des prêts
se qui ne sont

du ménage

ent ou des biens
ve, d'un organisme
ui n'est pas encore

es personnes et

POUR LES CALCULS

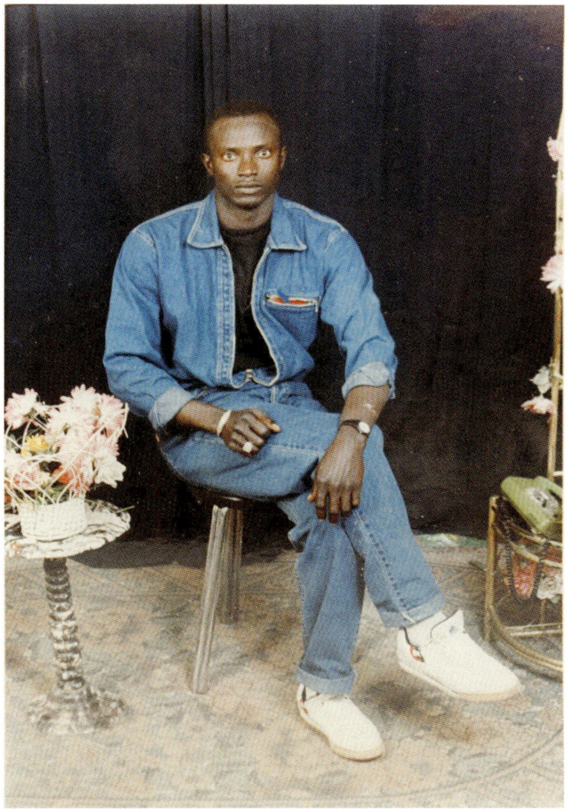

17A

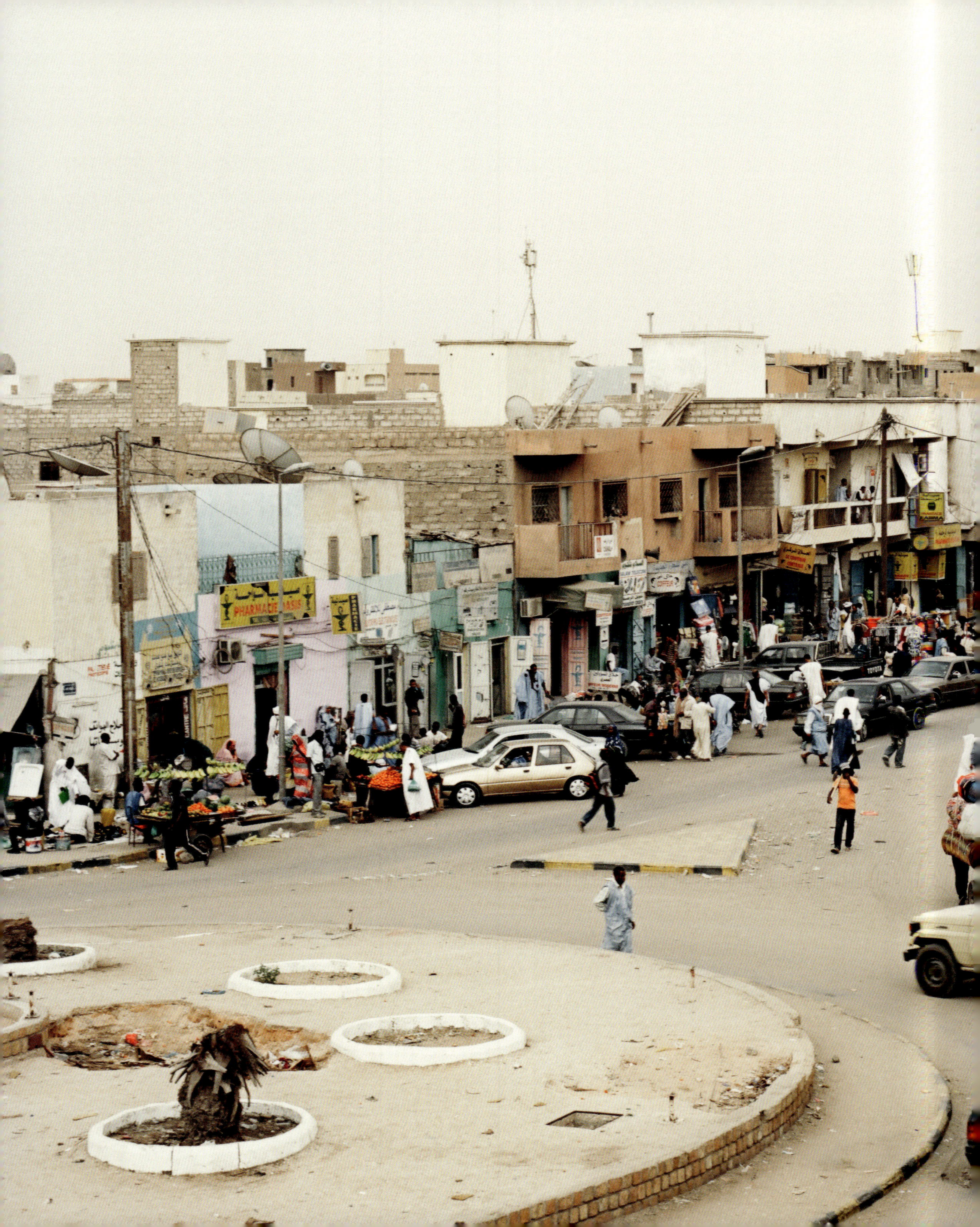
PHARMACIE OASIS

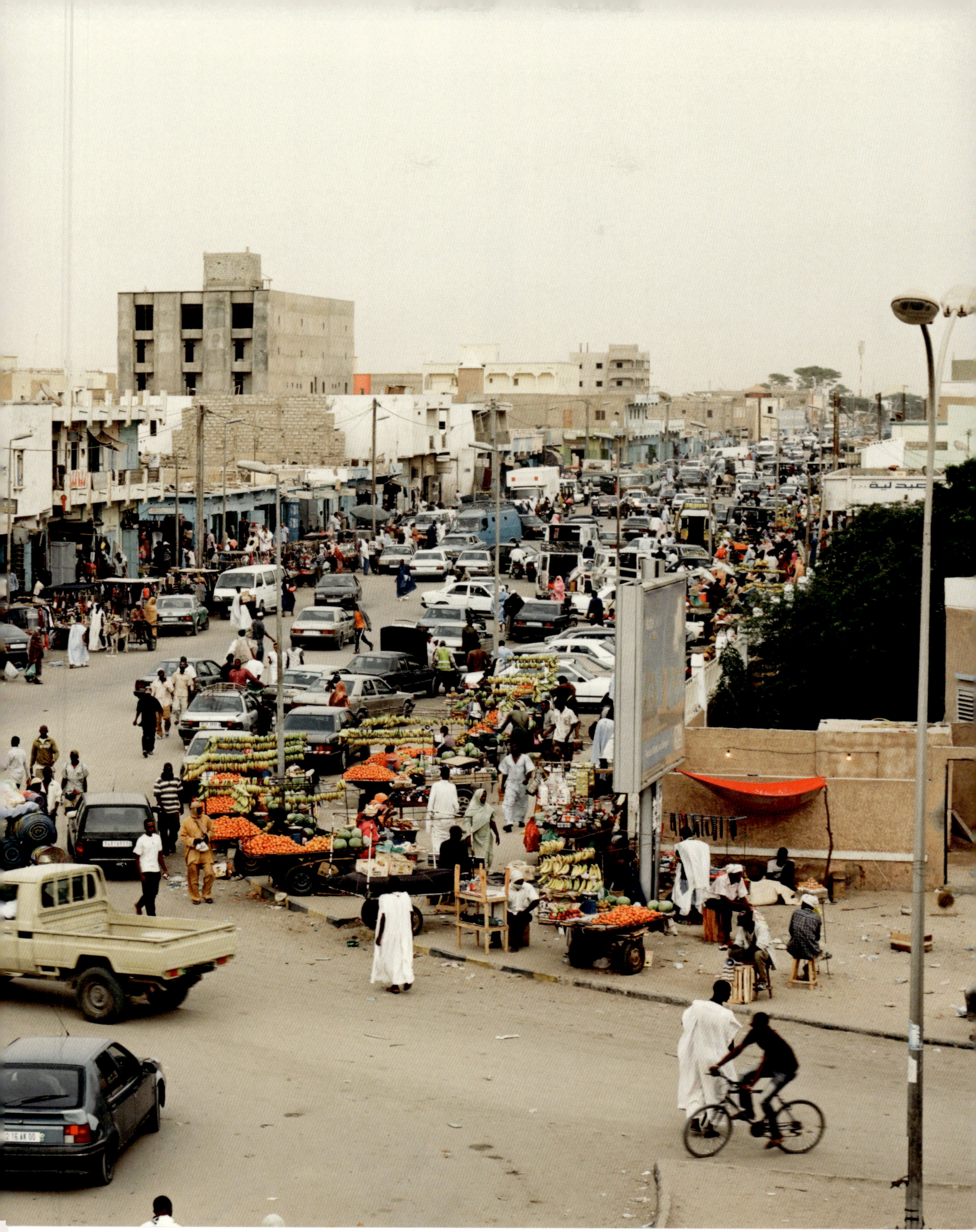

11

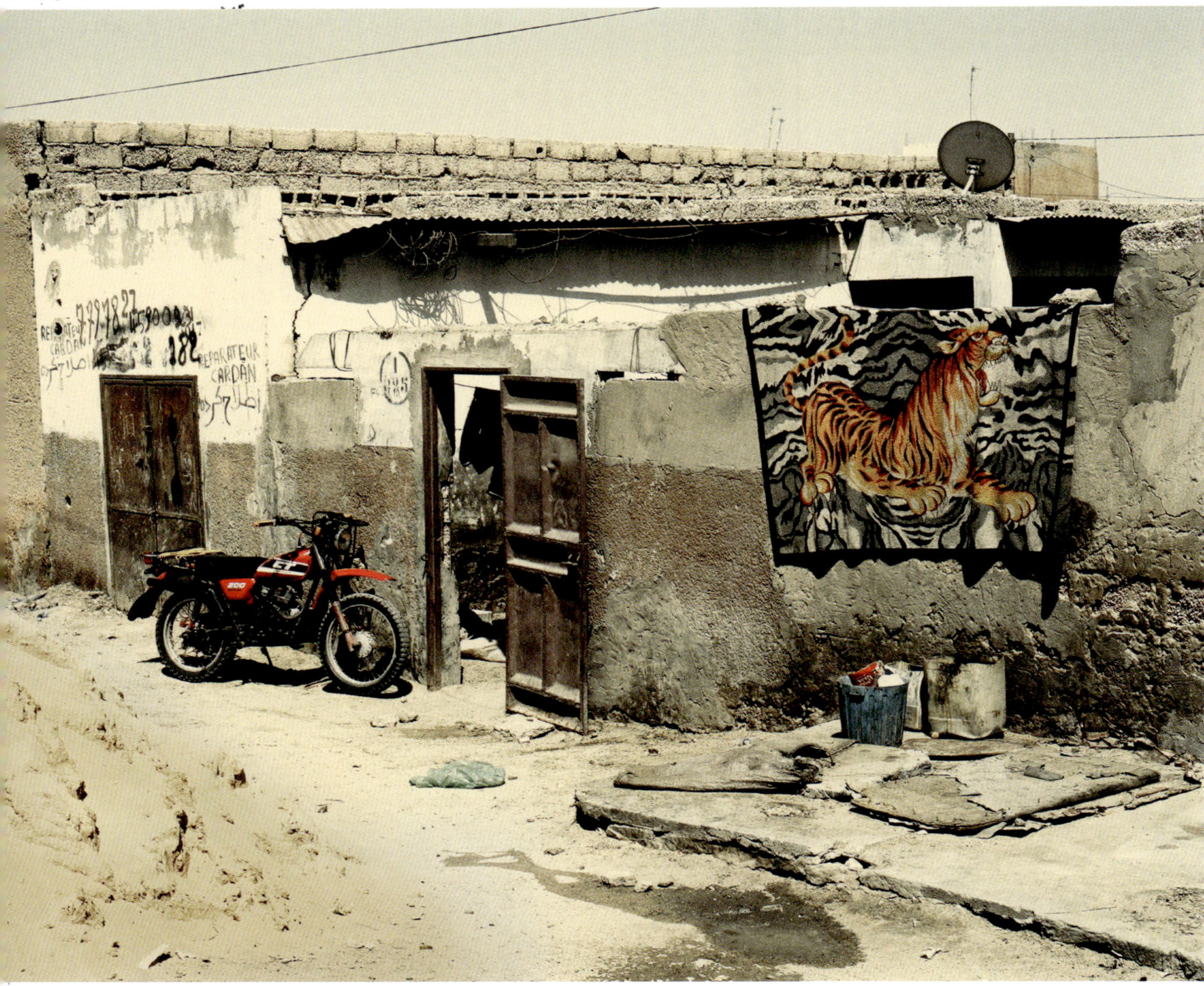

8-31 mars 1989)

'uvitation

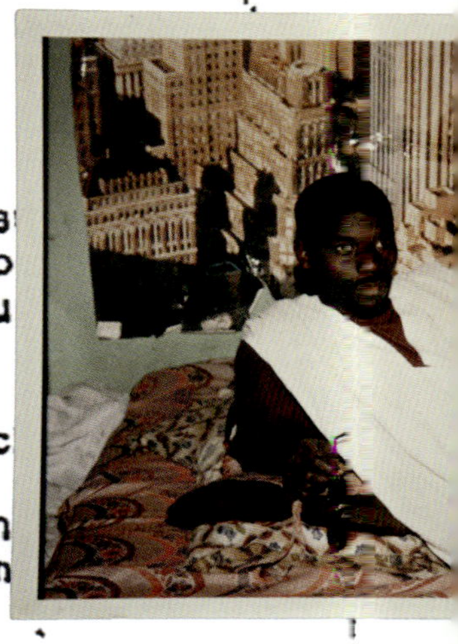

s
fo
tu

-c
n
nn
on

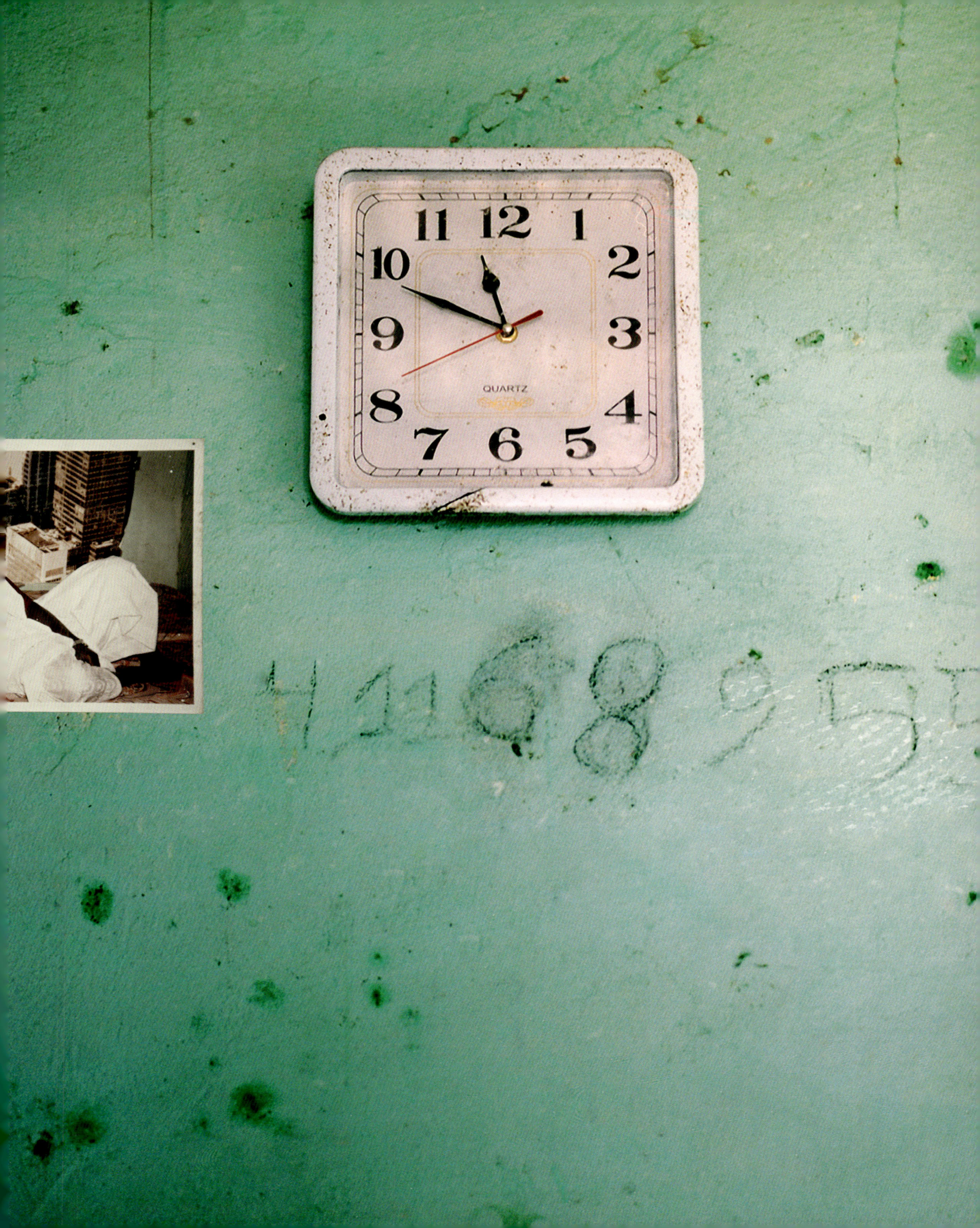
QUARTZ

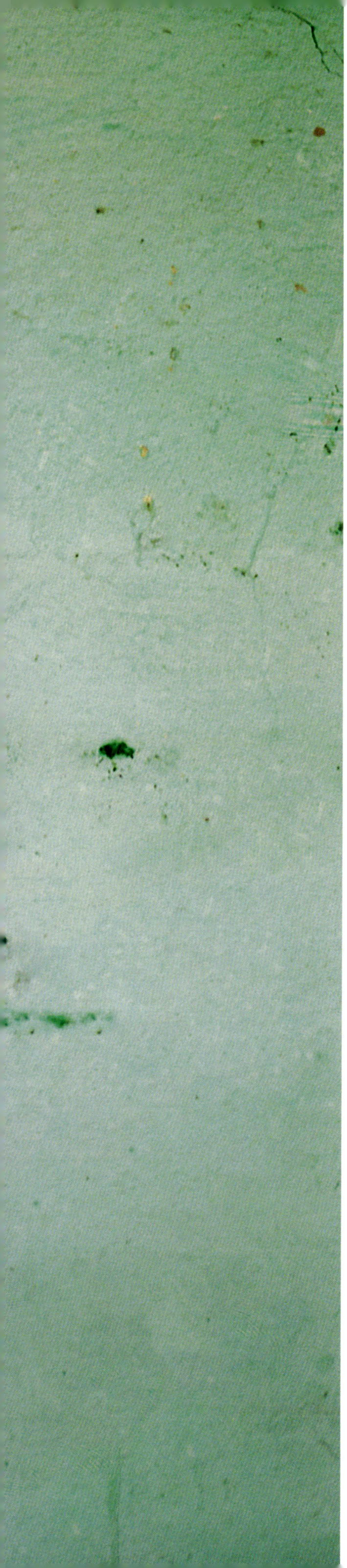

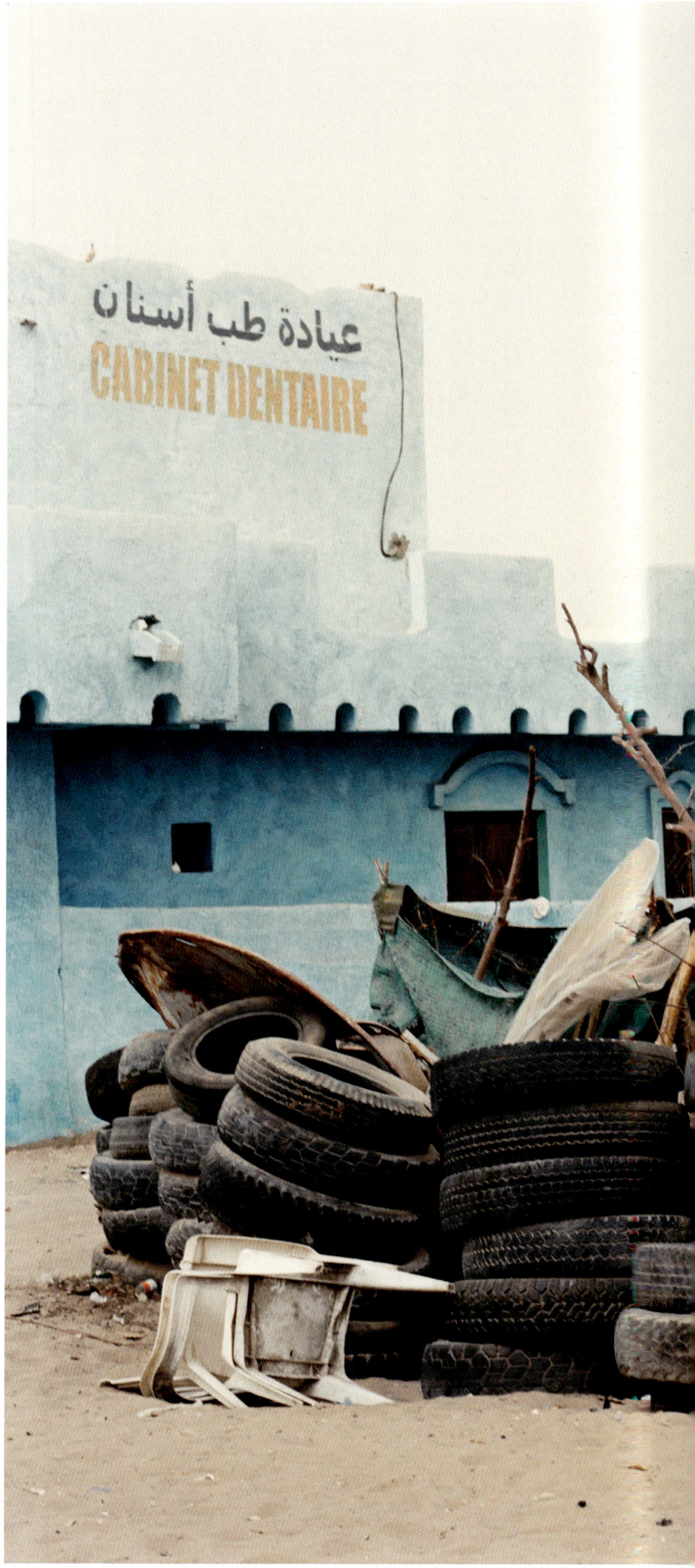
عيادة طب أسنان
CABINET DENTAIRE

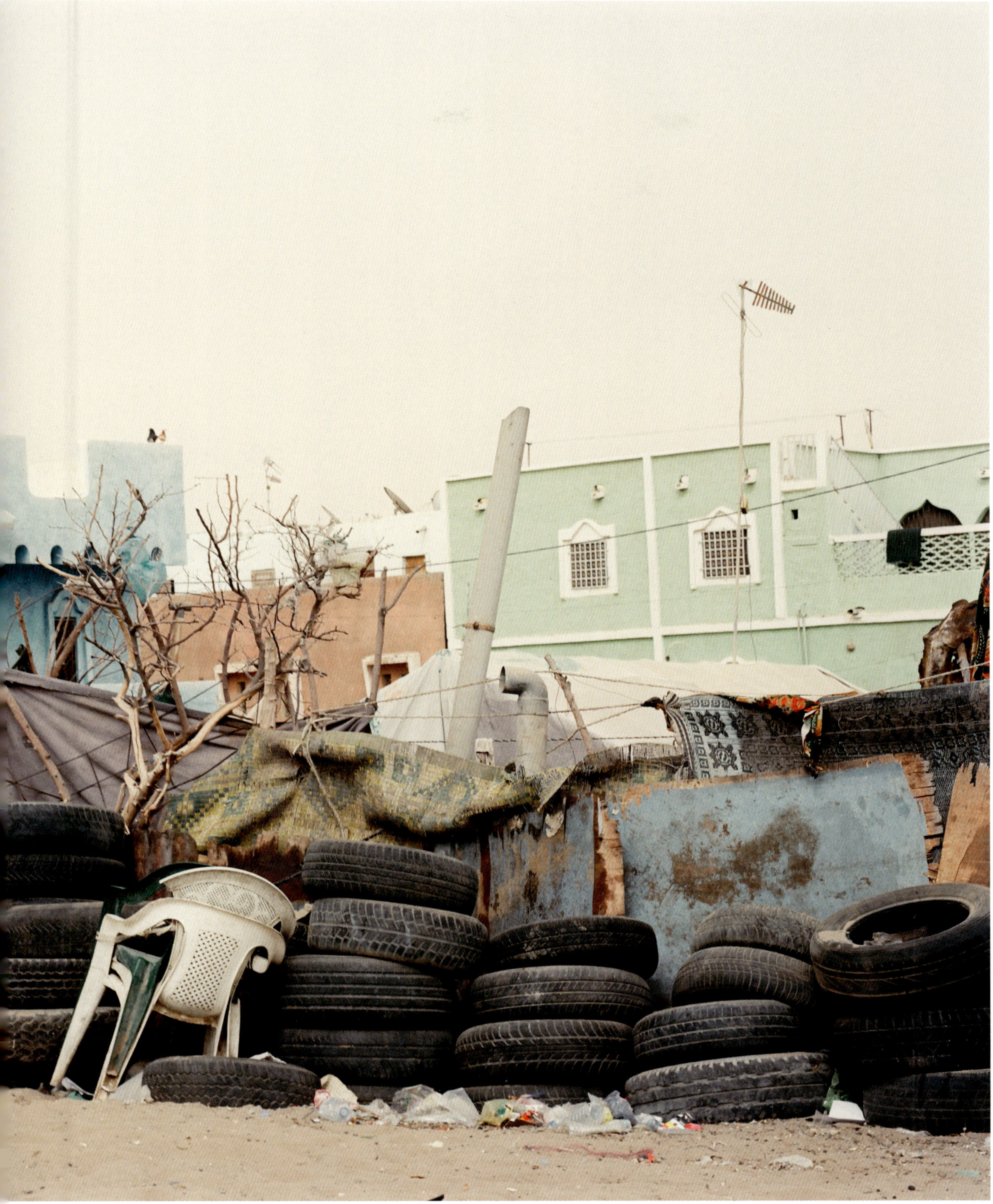

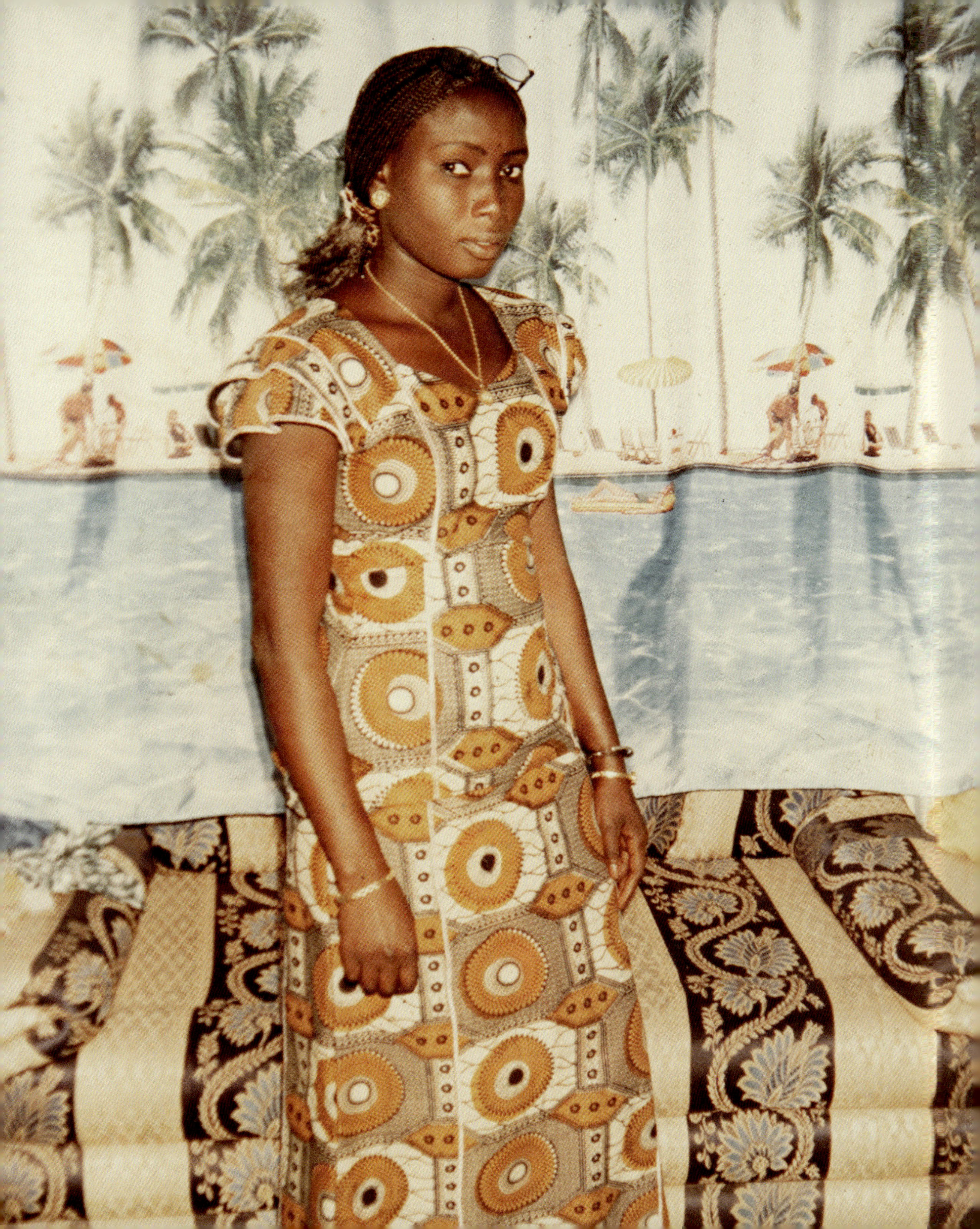

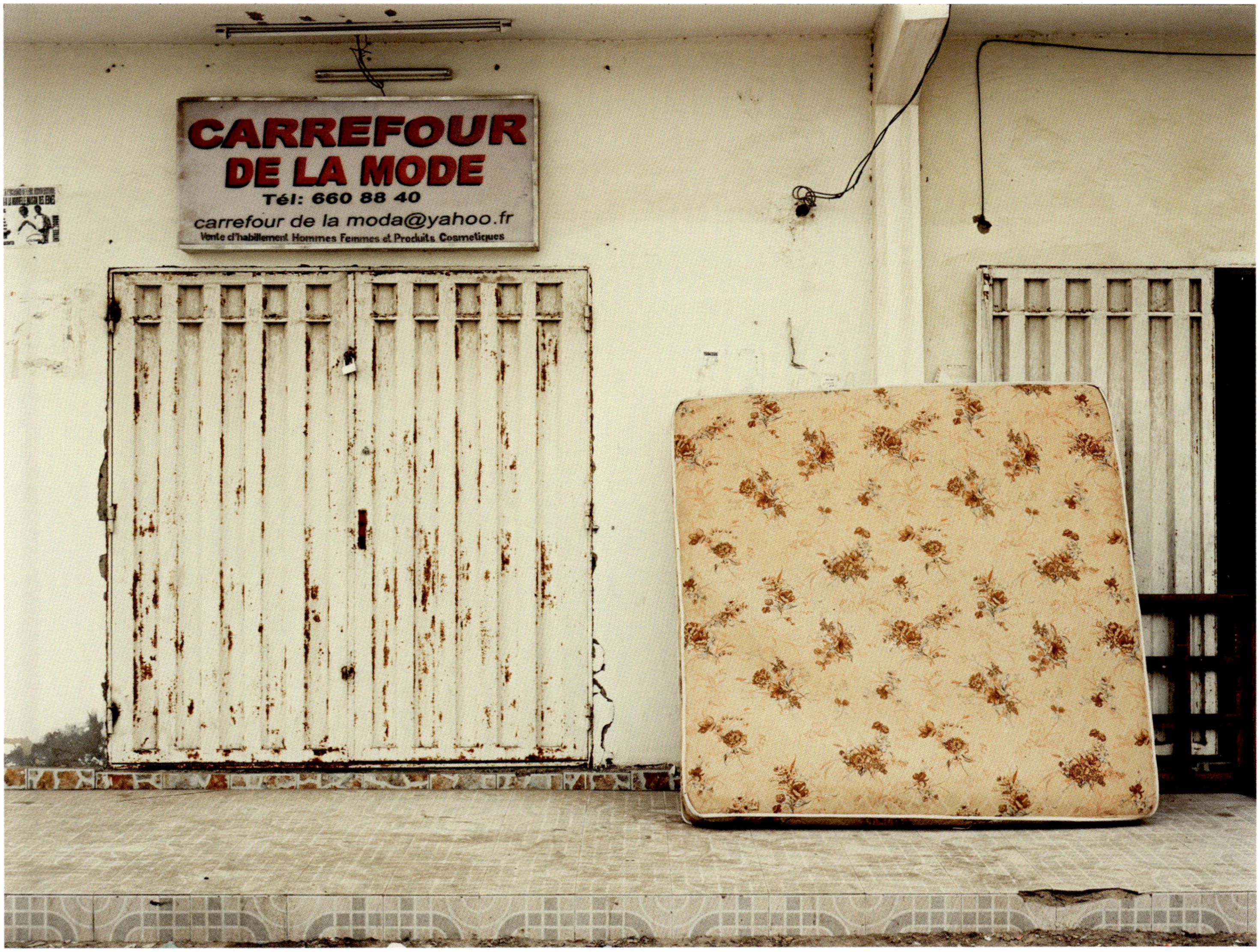
CARREFOUR
DE LA MODE
Tél: 660 88 40
carrefour de la moda@yahoo.fr
Vente d'habillement Hommes Femmes et Produits Cosmetiques

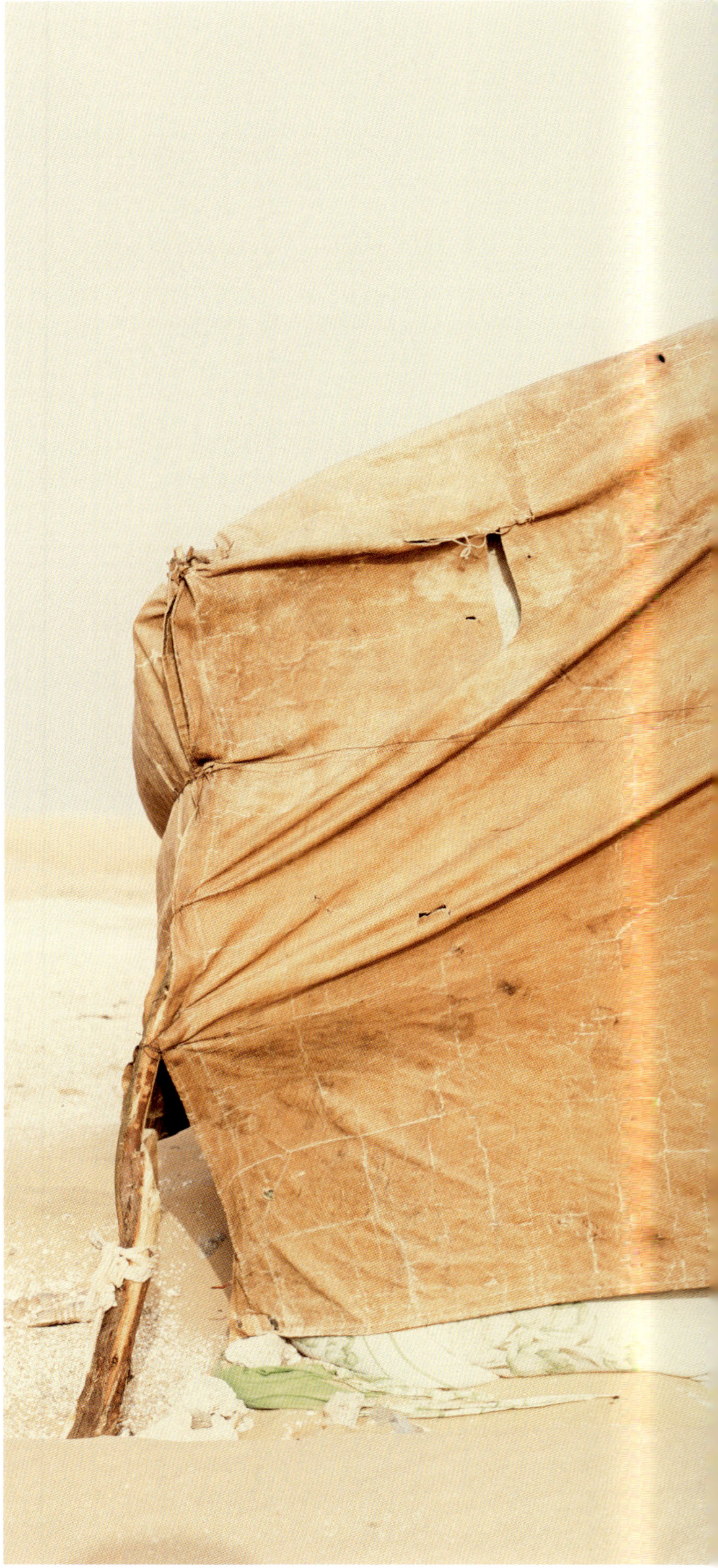

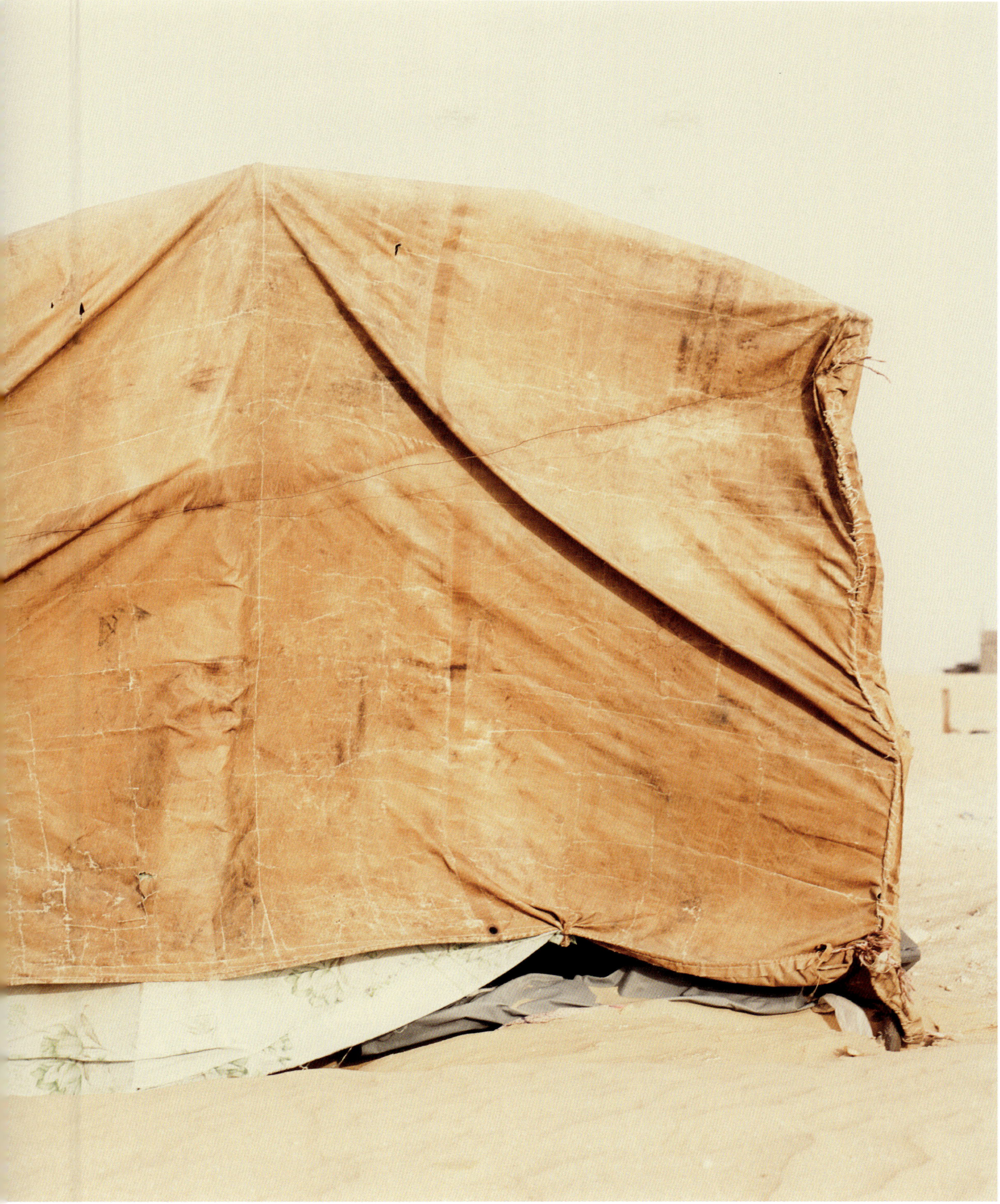

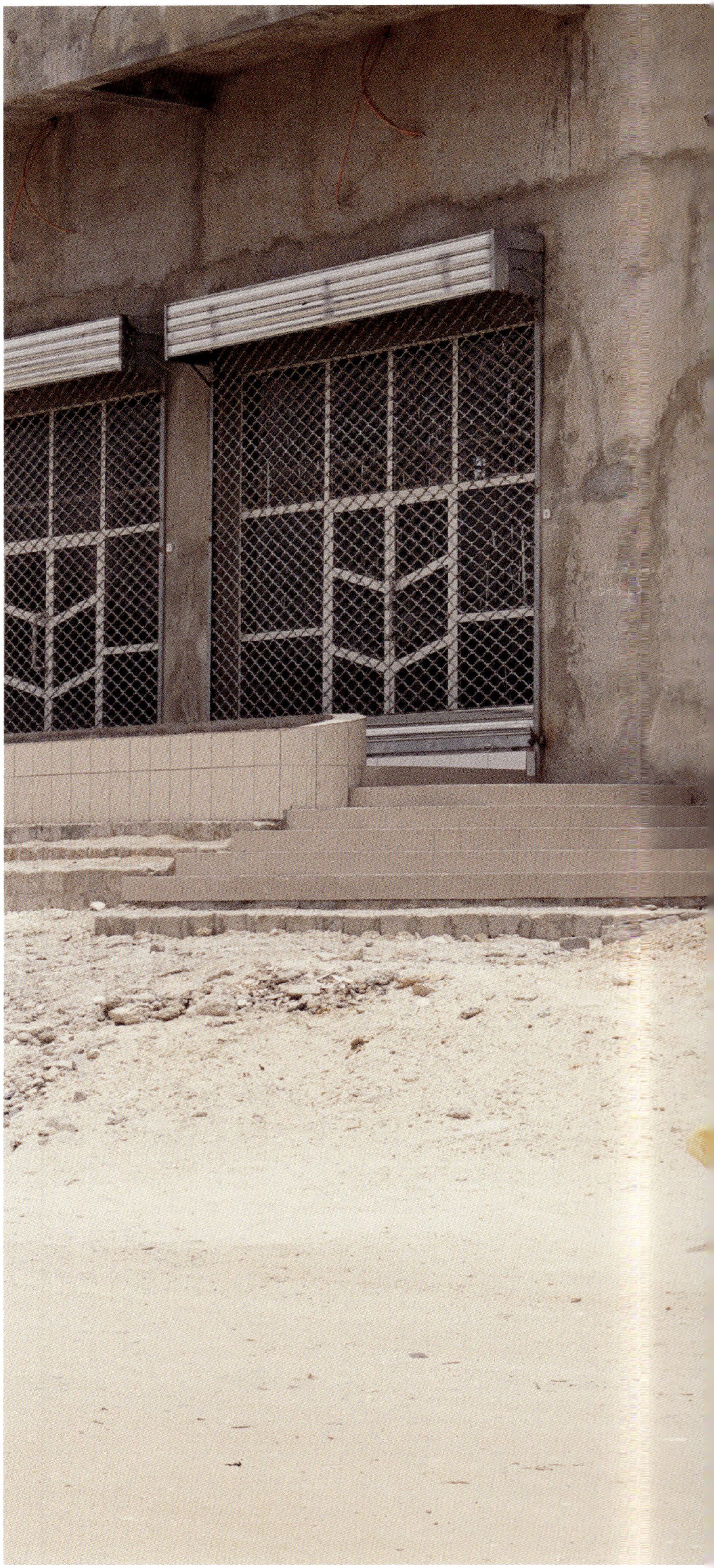

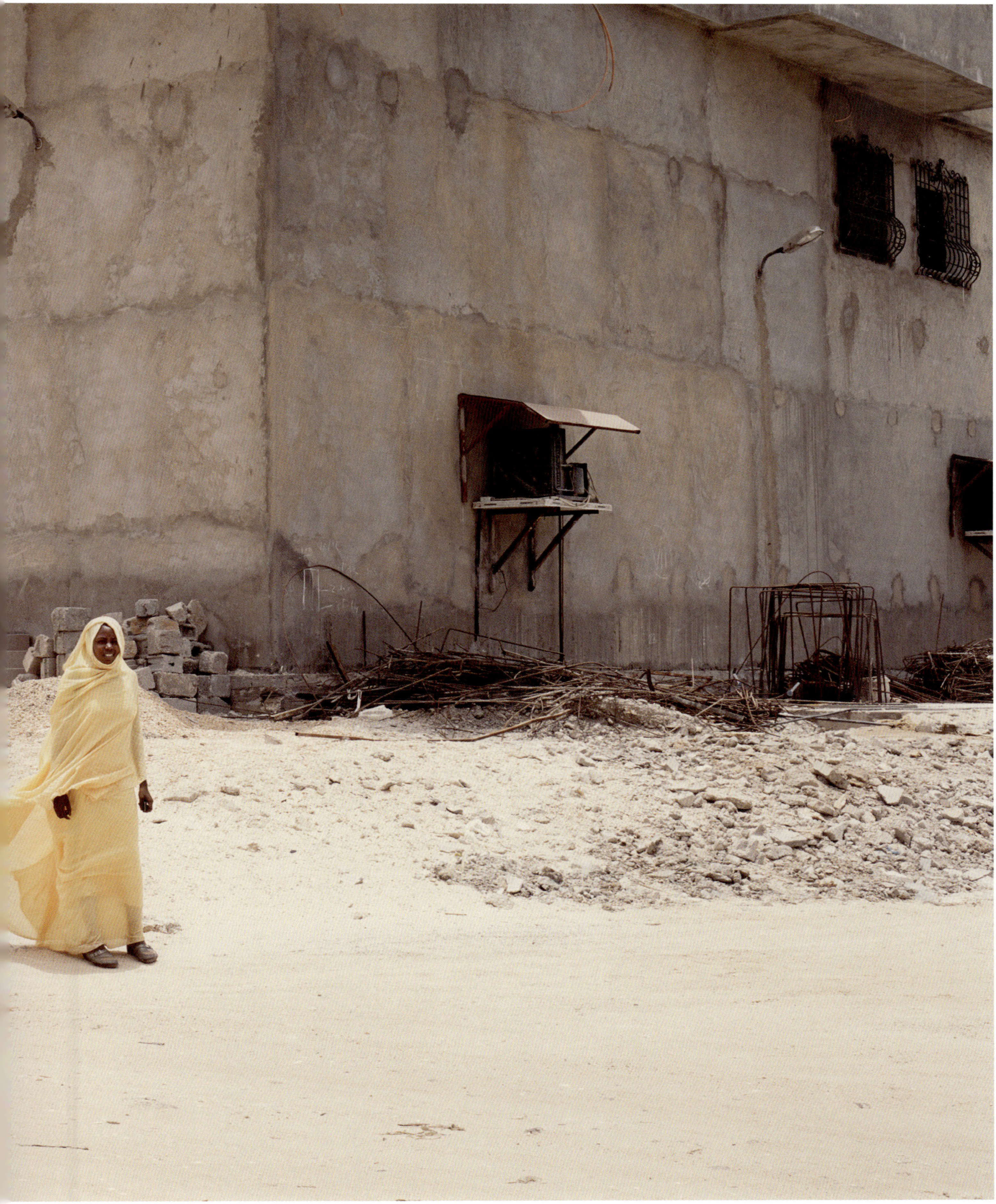

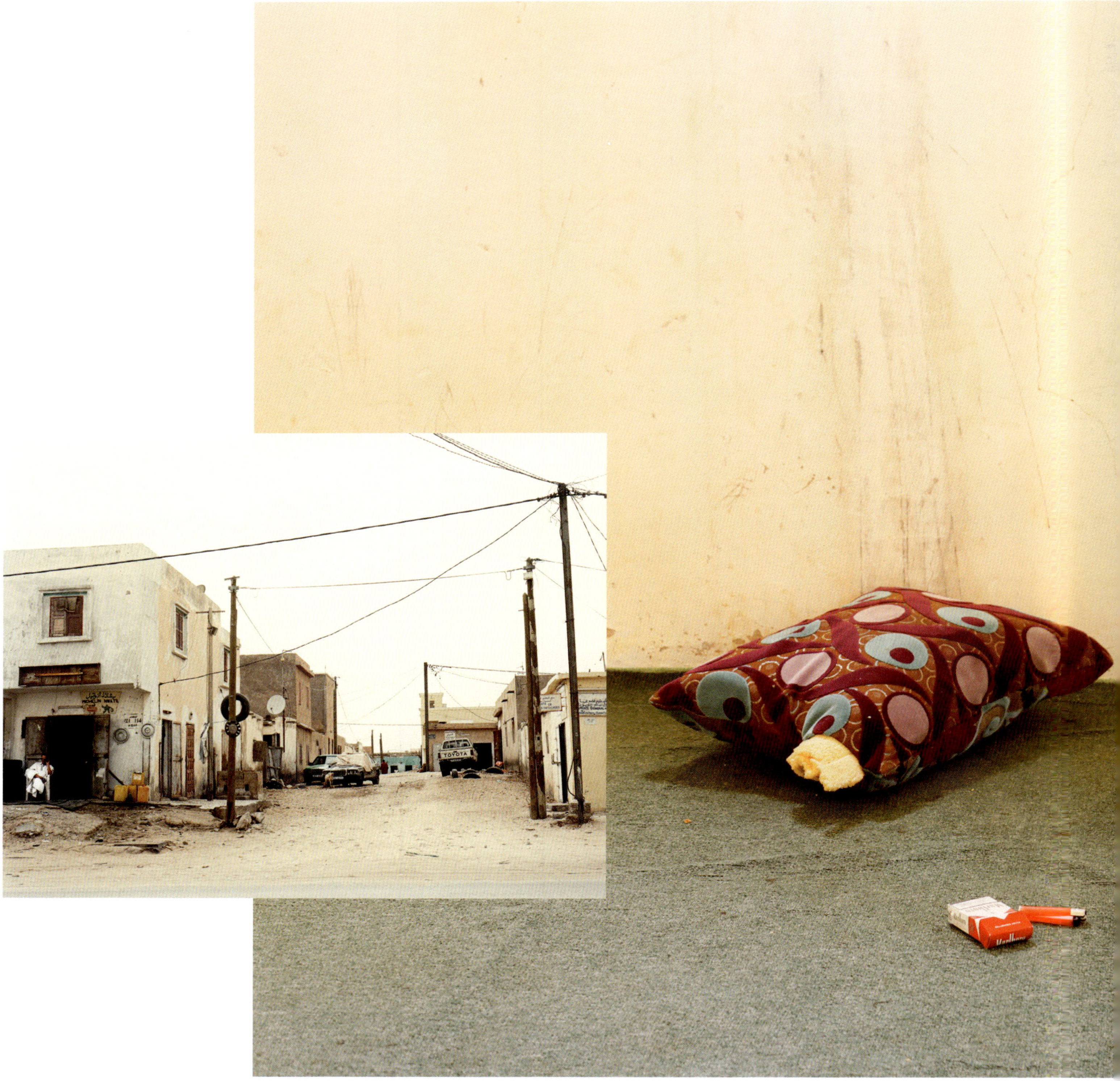

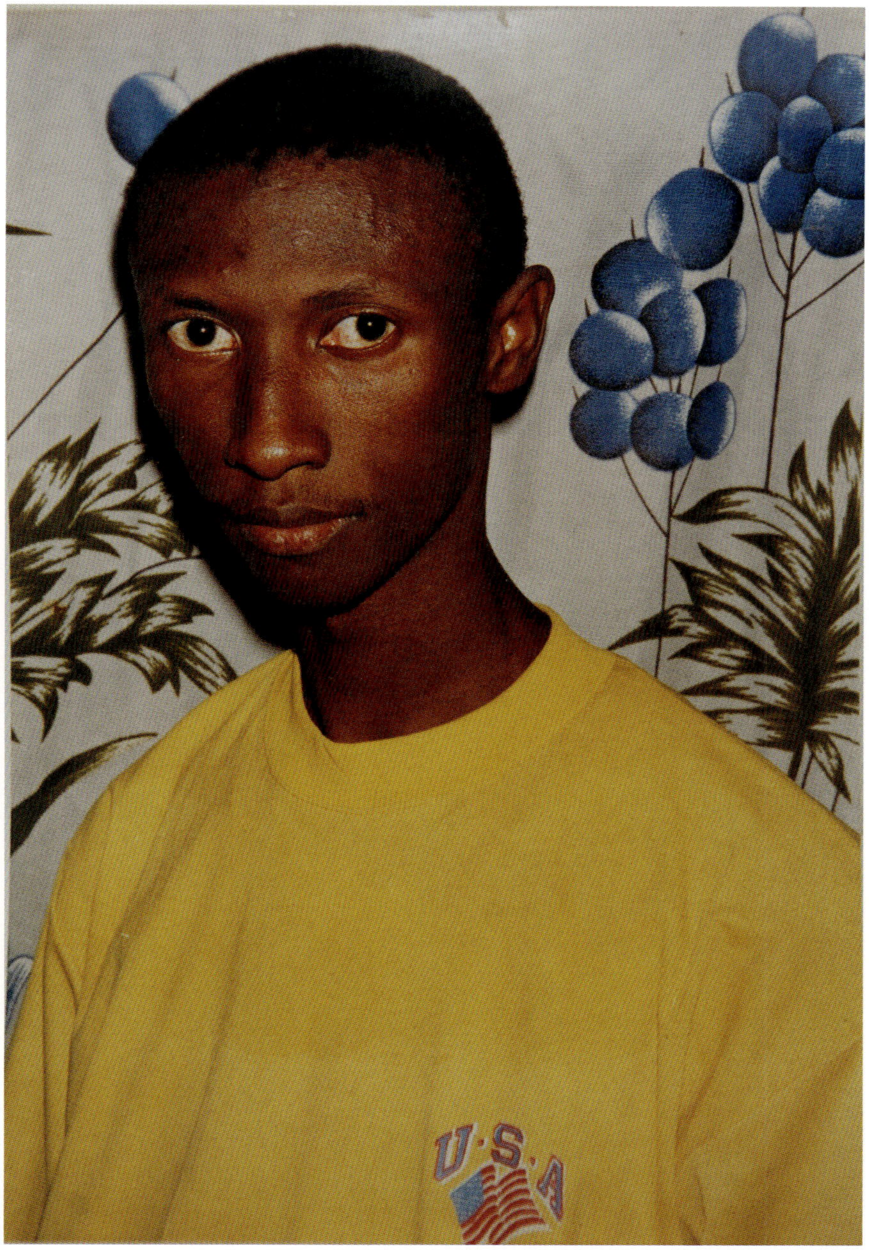
U.S.A

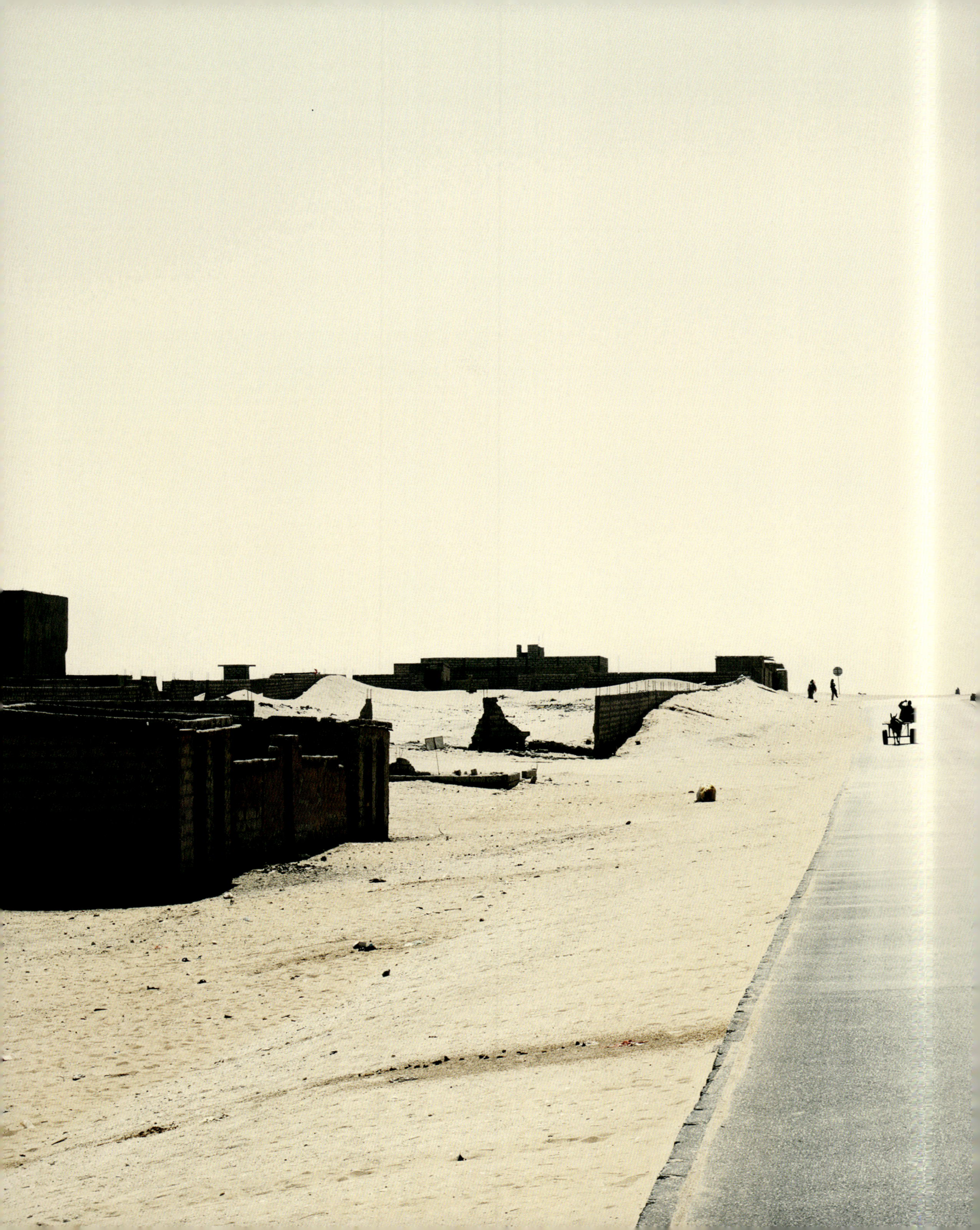

La carte ne reproduit pas un inconscient fermé sur lui-même, elle le construit. Elle concourt à la connexion des champs, au déblocage des sans organes, à leur ouverture maximum sur un plan de consistance. Elle fait elle-même partie du rhizome. La carte est ouverte, elle est connectable dans toutes ses dimensions, démontable, renversable, susceptible de recevoir constamment des modifications. Elle peut être déchirée, renversée, s'adapter à des montages de toute nature, être mise en chantier par un individu, un groupe, une formation sociale. On peut la dessiner sur un mur, la concevoir comme une méditation.

Gilles Deleuze & Félix Guattari, *Capitalisme et schizophrénie 2, Mille plateaux*, Les Éditions de Minuit, Paris, 1980.

The map does not reproduce an unconscious closed in upon itself; it constructs the unconscious. It fosters connections between fields, the removal of blockages on bodies without organs, the maximum opening of bodies without organs onto a plane of consistency. It is itself a part of the rhizome. The map is open and connectable in all of its dimensions; it is detachable, reversible, susceptible to constant modification. It can be torn, reversed, adapted to any kind of mounting, reworked by an individual, group, or social formation. It can be drawn on a wall, conceived of as a work of art, constructed as a political action or as a meditation.

Gilles Deleuze & Félix Guattari, "Introduction: Rhizome", A Thousand Plateaus: Capitalizm and Schizophrenia, *trans. Brian Massumi (New York: Continuum, 2004, pp. 13–14).*

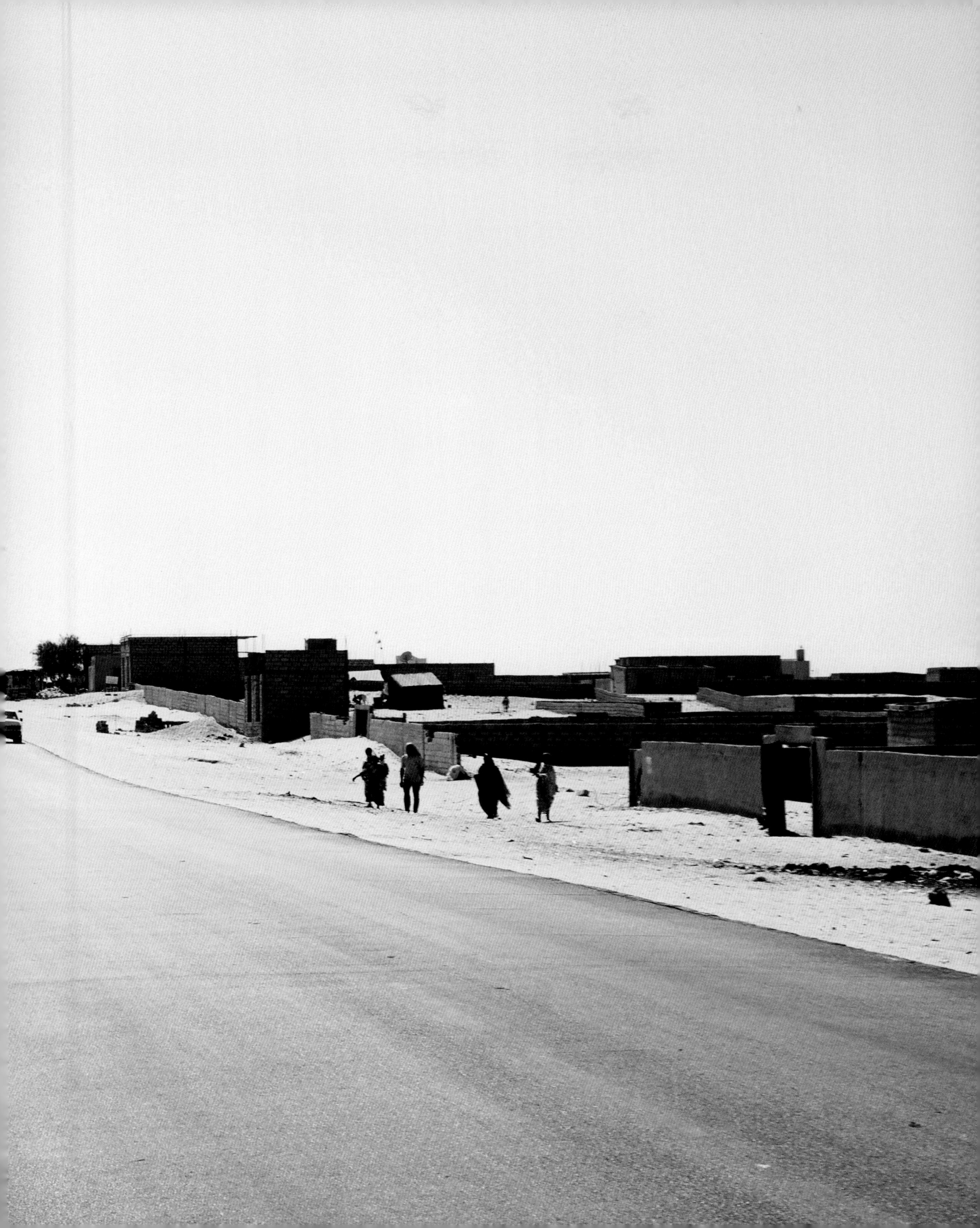

00 DISTRICT DE NOUAKCHOTT

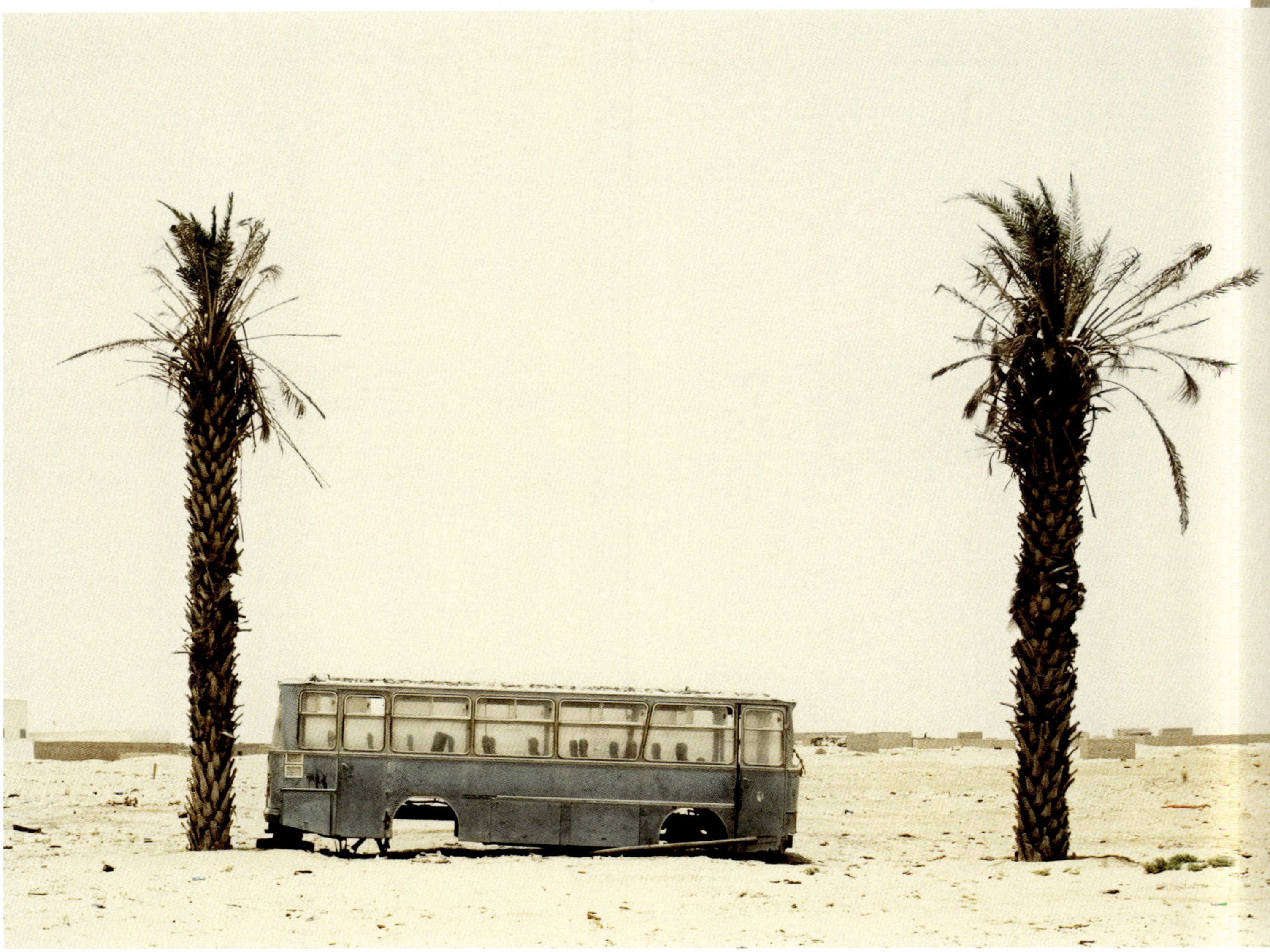

3 - 4 URBANISATION/ MIGRATION :

Nous traitons ici de la population des centres urbains et de leur évolution (tableau 6).

La population urbaine totale s'est nettement accrue au fil des années mais tel n'a pas été le cas des taux de croissance moyens. Selon les estimations et les projections des Nations Unies, les taux de croissance devraient diminuer dans l'ensemble de l'Afrique (tableau 4).

Une des caractéristiques de l'urbanisation en Mauritanie est la domination urbaine, c'est à dire la suprématie d'une seule ville, Nouakchott, la Capitale. Le tableau 6 indique des ... atre plus

l'environnement, l'infrastructure, la santé publique et la météorologie.

Il faut noter que la réalisation se situe à deux niveaux :

— **niveau régional** : plan de développement intégré d'une grande zone géographique com-

L'aménagement du bassin de la Volta Noire jouera le rôle d'un ballon d'oxygène dans l'économie de la Haute-Volta, économie à base agricole alors que les sols latéritiques, ou fortement lessivés ne permettent que de maigres récoltes.

Les rétentions d'eau auront pour conséquence, la constitution

sons pluvieuses, mesurer l'ampleur des précipitations, fixer avec plus d'exactitude la durée des périodes de pluies utiles.

Ces connaissances de base permettront également de mieux cerner les conséquences des fluctuations climatiques d'autres zones sur la zone soudano-sahélienne

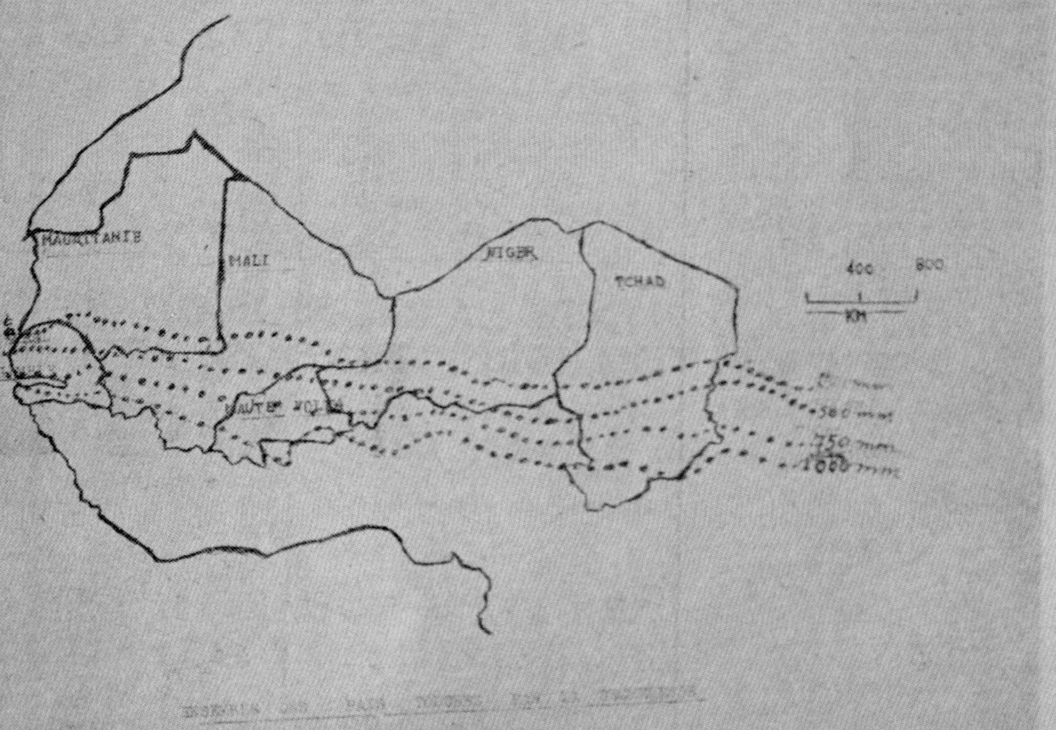

mune à plusieurs Etats. Nous en citerons les principaux :

a) Le Bassin du fleuve Sénégal: La construction du barrage de Manantali sur le Bafing, sera d'un apport important en hydroélectricité (100 KW). Elle per-

de grands réservoirs de régularisation, l'irrigation de grandes superficies et par là-même, le développement de l'élevage par la culture de fourragères et l'extension des zones de pâturages; elles permettent aussi l'exploitation minière, corollaire de la produc-

en général.

Les observations qui seront faites, seront ainsi utilisées à l'échelle plus petite de chaque pays.

— **au niveau national** donc, on

Le ... a

Le Direct... Docteur M... rentré lundi... en provenan... a assisté à ... au financem... jets pour la... dres dans ...

REU... MIS... NOU...

La Comm... dérale de ... se réunira ce... dans la sall... District, sous... camarade M... Ould Enaho... ral de Jeune... Capitale et S... Parti par int...

LE C...

---

[18] les indices de primauté sont le rapport de la population de la plus grande ville à la 2ème ville et le rapport de la population de la plus grande à la somme des populations des 2ème, 3ème et 4ème villes.

Source: Karen A. Foote et Al. (éd.1996),changements démographiques en Afrique Subsaharienne, INED, Paris p. 281

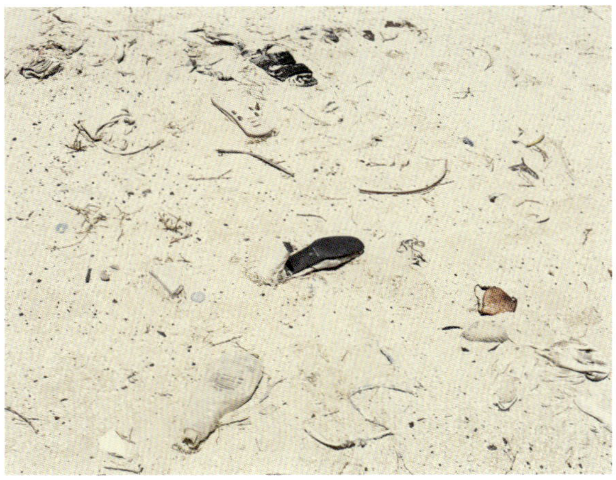

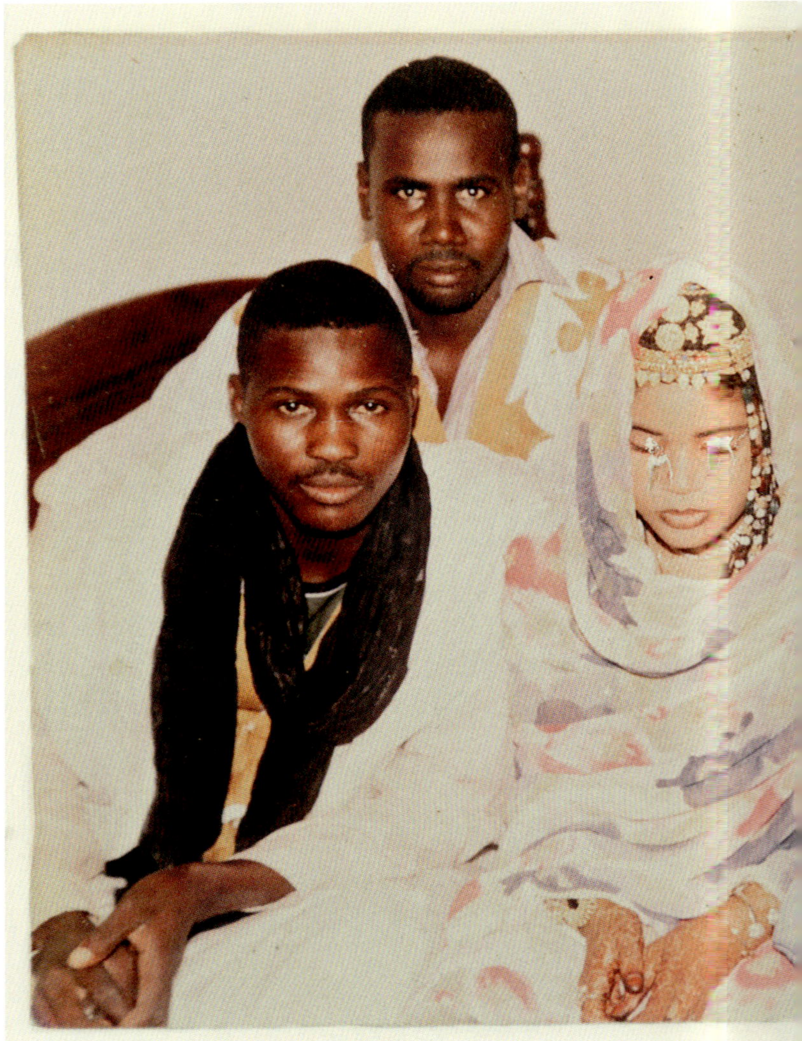

* ... do

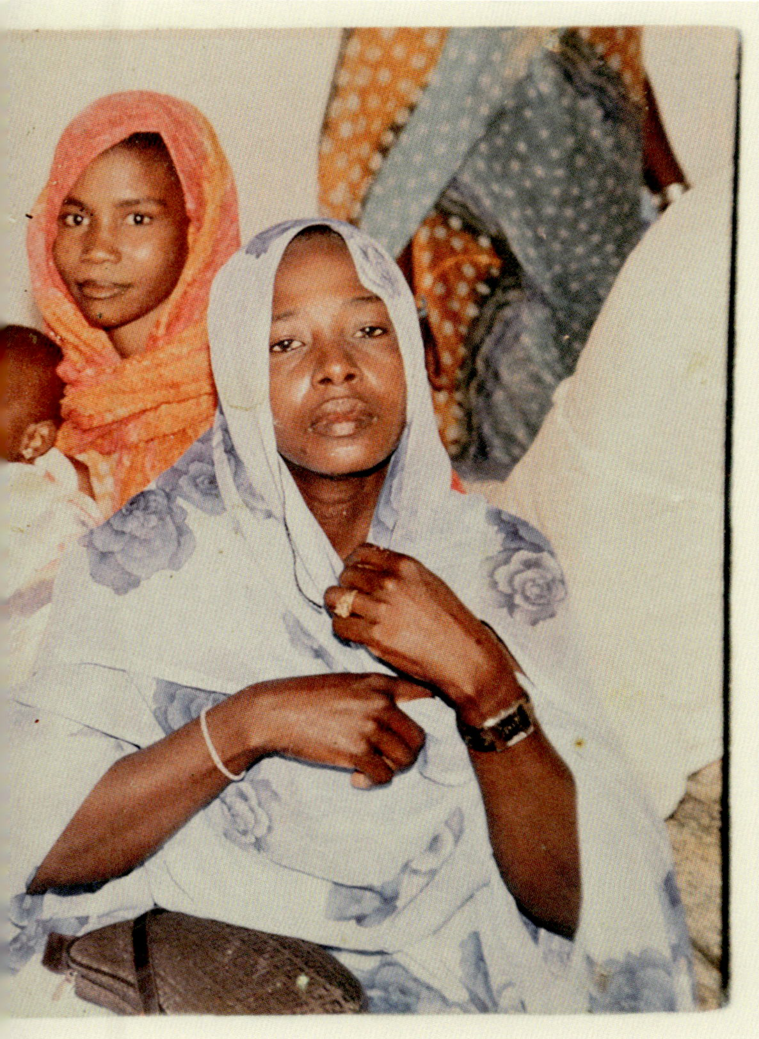

·es non disponibles

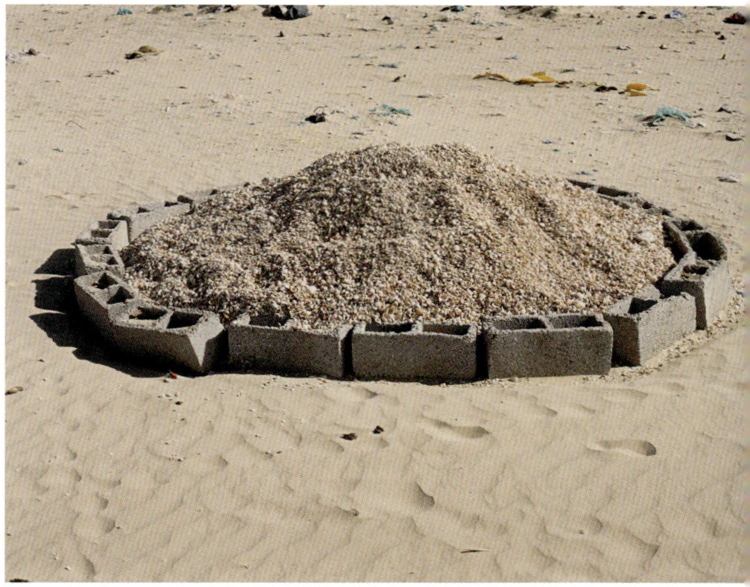

47/...

A DOCUMENTATION FRANÇAISE

SECRÉTARIAT GÉNÉRAL DU GOUVERNEMENT
DIRECTION DE LA DOCUMENTATION
14, rue Lord-Byron, PARIS-8e - Tél. : ÉLY. 82-00

NOTES ET ÉTUDES DOCUMENTAIRES

UILLET 1960 N° 2.687

LA RÉPUBLIQUE ISLAMIQUE DE MAURITANIE

SOMMAIRE

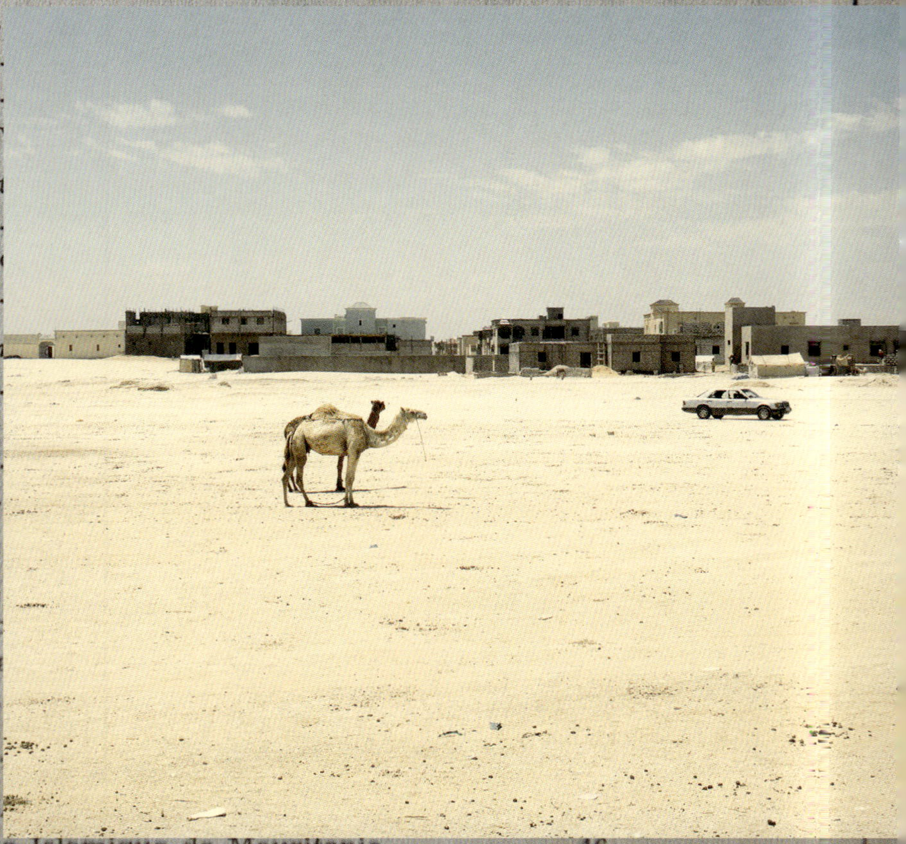

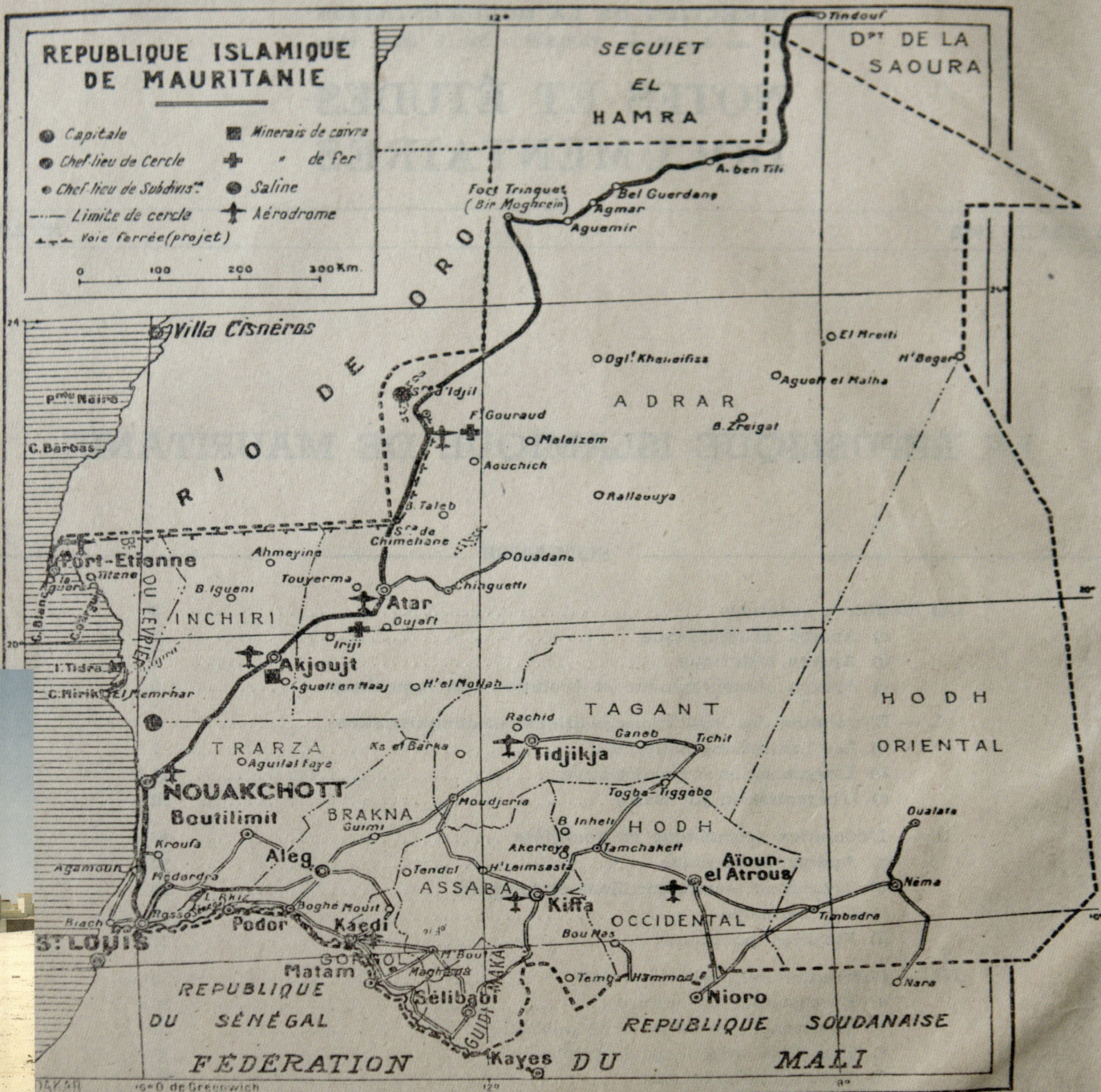
REPUBLIQUE ISLAMIQUE
DE MAURITANIE
Capitale
Chef-lieu de Cercle
Chef-lieu de Subdivis.
Limite de cercle
Voie ferrée (projet)
Minerais de cuivre
de fer
Saline
Aérodrome
0 100 200 300 Km.
SEGUIET
EL
HAMRA
Dt DE LA
SAOURA
Tindouf
A. ben Tili
Bel Guerdane
Agmar
Aguemir
Fort Trinquet
(Bir Moghrein)
RIO DE ORO
Villa Cisnéros
El Mreiti
H'Beger
Ogl. Khaneifisa
Aguelt el Malha
ADRAR
B. Zreigat
F. Gouraud
Maleizem
Aouchich
Rallaouya
B. Taleb
Port-Etienne
Ahmeyine
Ouadane
Chinguetti
Touyerma
B. Igueni
INCHIRI
Atar
Oujeft
Akjoujt
Aguelt en Naaj
H' el Mollah
TAGANT
Rachid
HODH
ORIENTAL
TRARZA
Tidjikja
Ganeb
Tichit
Aguilal faye
NOUAKCHOTT
Boutilimit
BRAKNA
Moudjeria
Tegba
HODH
Aleg
H' Leimsasta
Tamchakett
Akertey
Aïoun-
el Atrous
Oualata
Néma
Kroufa
Mederdra
Tendel
ASSABA
Kiffa
OCCIDENTAL
Timbedra
Boghé
Podor
Kaedi
St LOUIS
Rosso
Bou Nas
Matam
M'Bout
Nara
REPUBLIQUE
DU SÉNÉGAL
Sélibabi
Nioro
REPUBLIQUE SOUDANAISE
FÉDERATION
DU
MALI
Kayes
DAKAR

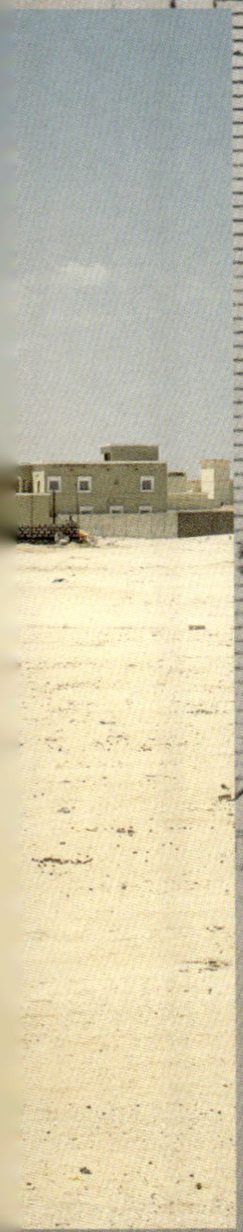

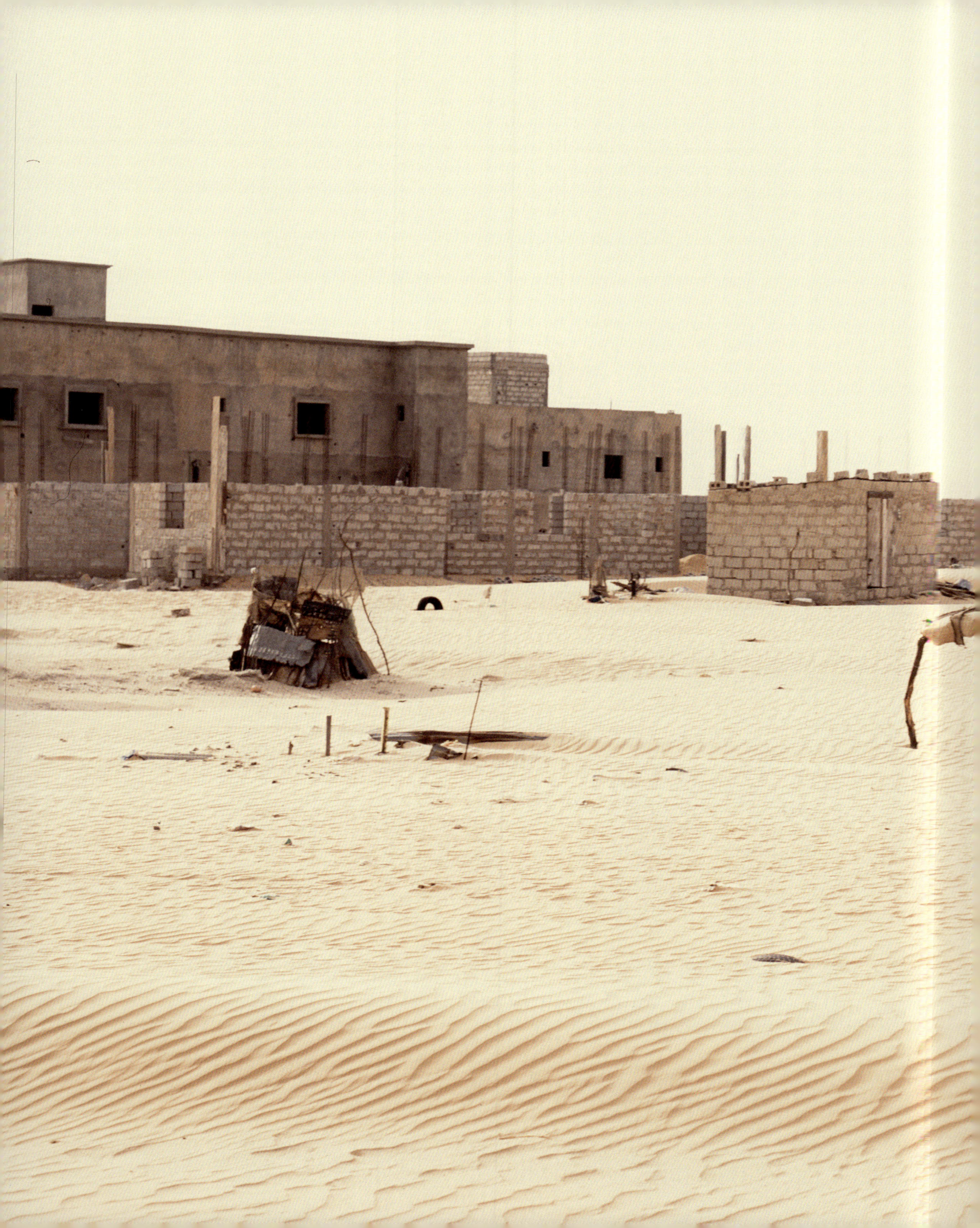

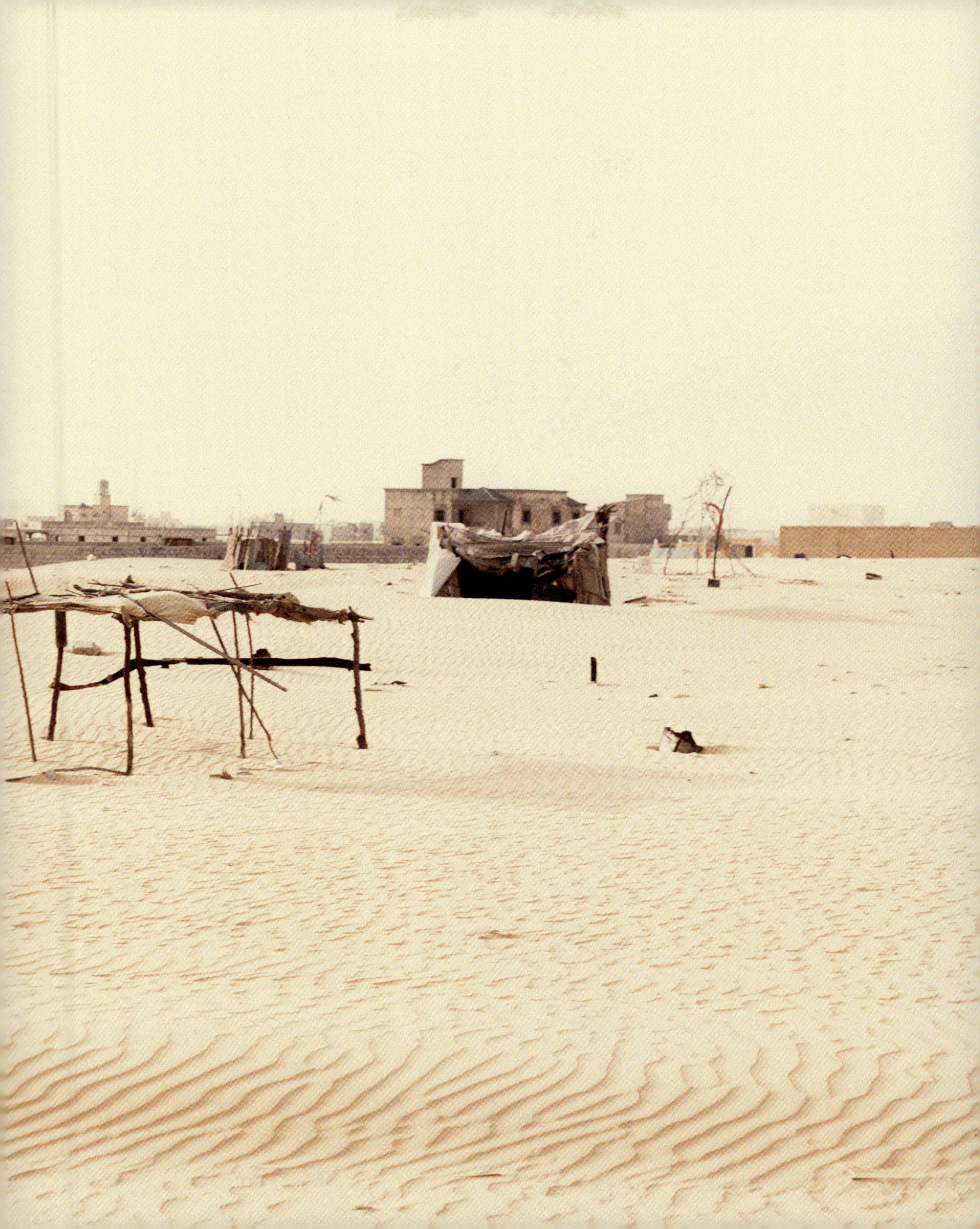

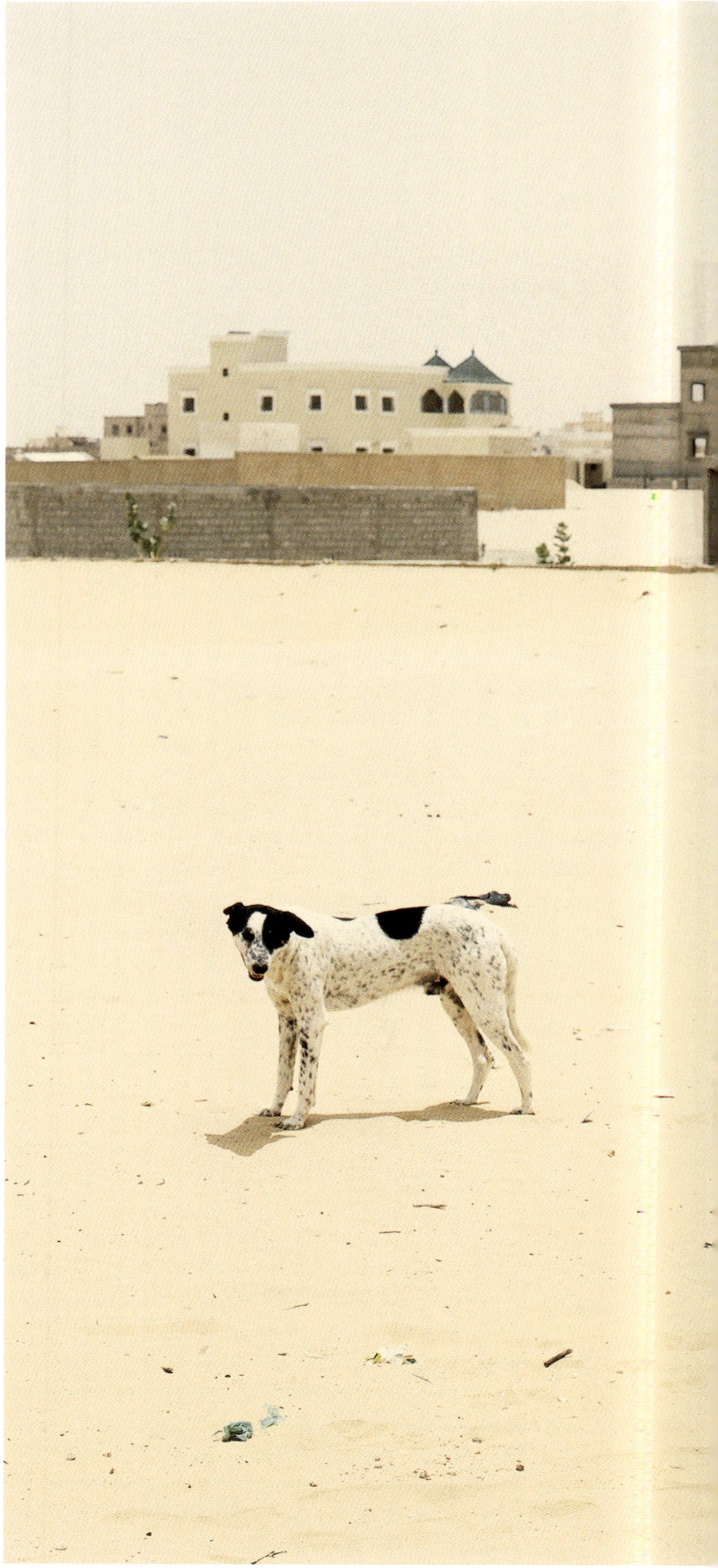

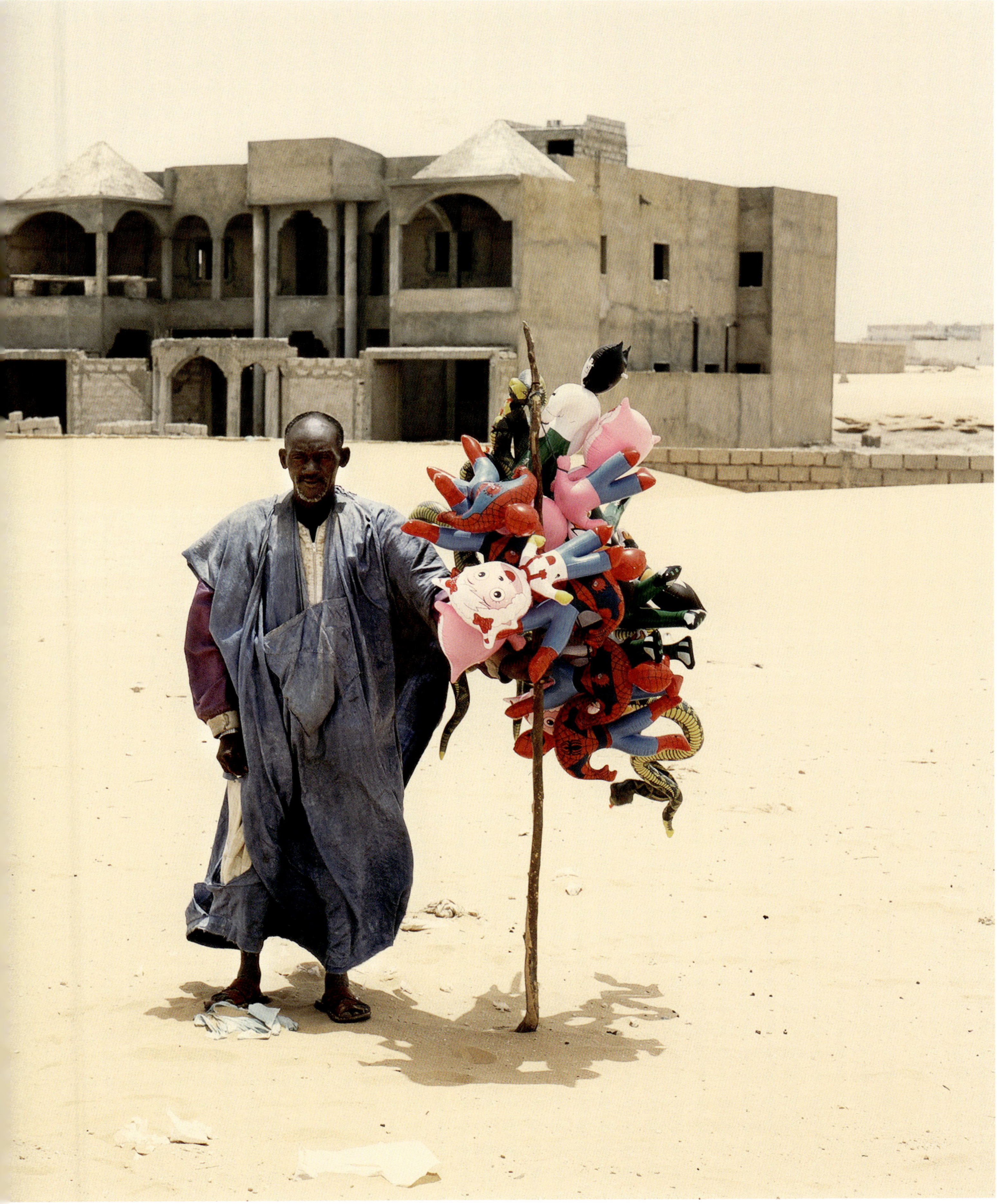

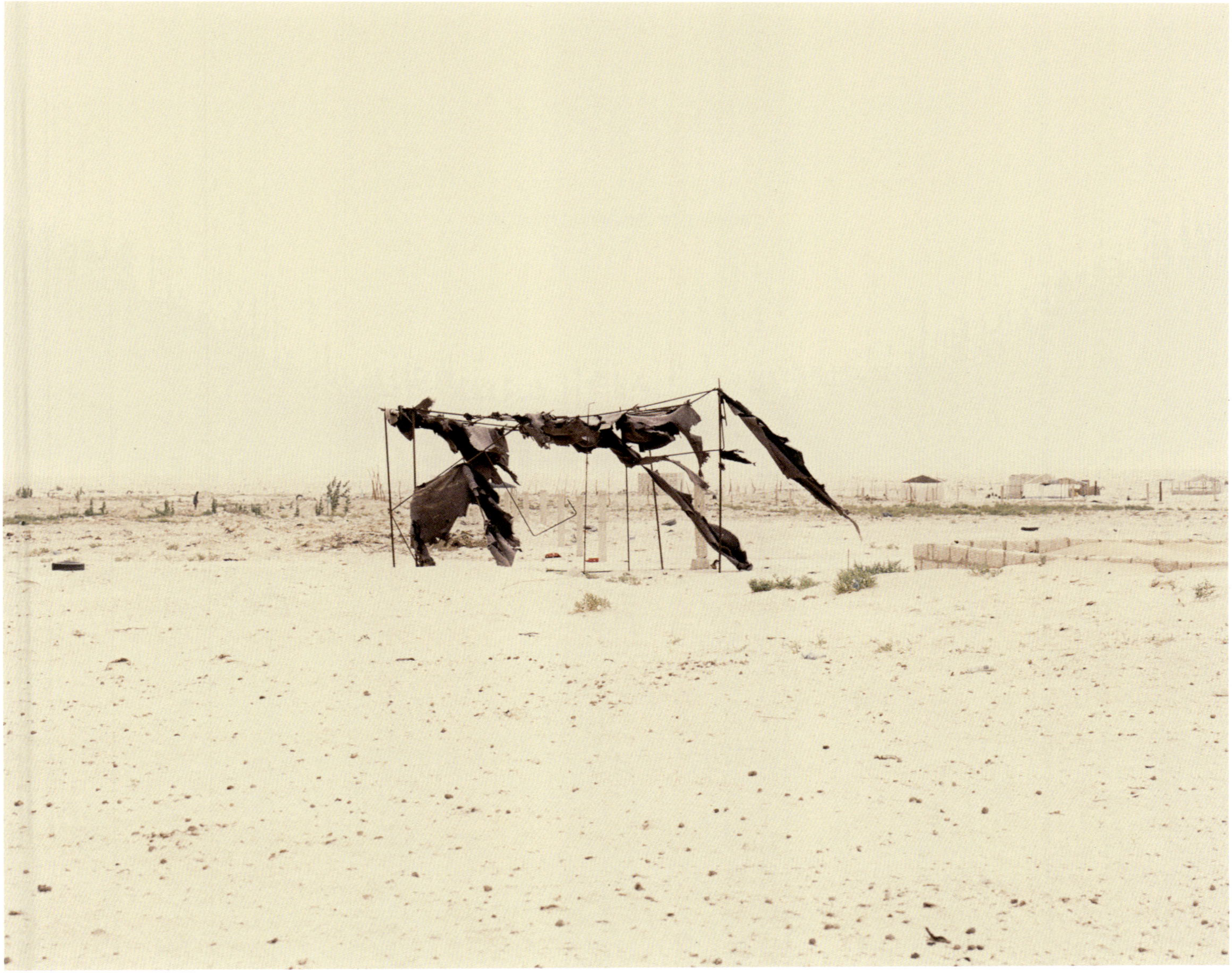

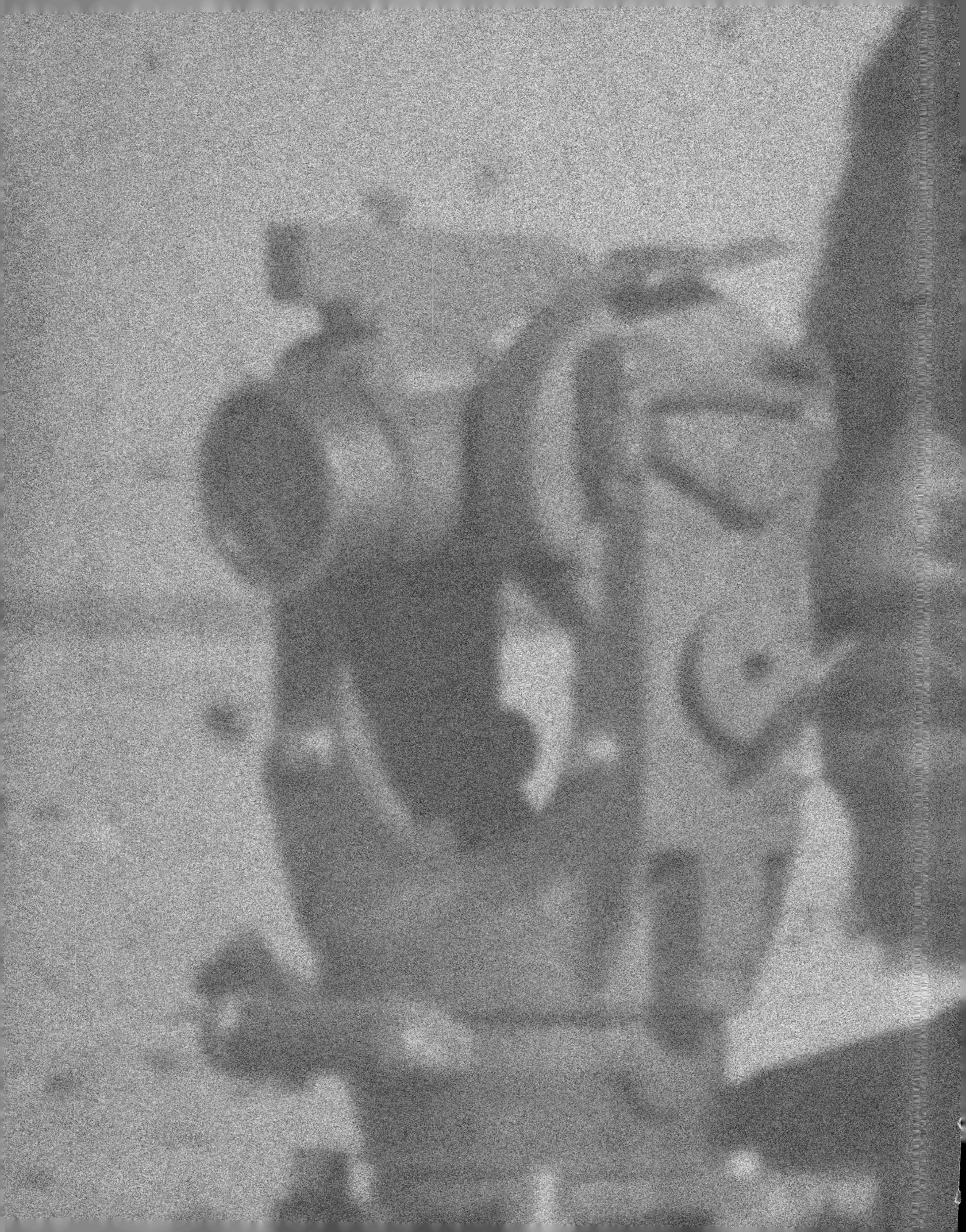